Gummi – Rubber
Die erotische Stimulierung der Sinne

Vorwort

Kennen Sie jemanden aus Ihrem nahen oder auch fernen Bekanntenkreis, der in seiner Wohnung öfter einen Freizeitanzug aus Latex trägt; jemand, der so manche Nacht mit einem Gummianzug ins Bett geht; jemand, den eine über den Kopf gezogene Gasmaske lieber ist als die feinste Frisur; oder vielleicht jemand, der sich liebend gern – den Körper teilweise oder vollständig in Gummikleidung gehüllt - ans Bett oder an einen Stuhl fesseln lässt? Wenn ja, dann wären Sie die bekannte Ausnahme, welche der Regel entgegensteht, dass Menschen mit anderen, wenn auch ihnen bekannten Menschen, über ihre sexuellen Vorlieben, Vorstellungen, Wünsche, Praktiken, Notwendigkeiten weder reden, noch sich anderen anvertrauen oder offenbaren, weil alle diese Menschen mit Ängsten behaftet sind, die darin bestehen, von den Gewohnheiten anderer Menschen (denn diese verhalten sich in sexueller Hinsicht bestimmt alle korrekt …), von einer tatsächlich nicht existierenden Norm abzuweichen, nicht verstanden zu werden, gar verlacht oder kriminalisiert – und damit ausgestoßen - zu werden. Ausgestoßen aus der Gemeinschaft, welche jeder Mensch als soziales Wesen braucht und deshalb besser schweigt oder sogar lügt, um zur großen Masse „zugehörig" zu sein. Es ist die große Angst vor der Scham, sich als erwachsener, zurechnungsfähiger, vollwertiger Mensch wegen seines sexuellen Verhaltens, wegen seines eingepflanzten Triebes – den man in Wahrheit liebt und braucht und sowieso von ihm nie ablassen werde können – sich schämen zu müssen, vor anderen Menschen und vor sich selbst, nachdem man, gleich wie vor einem Tribunal - sich offenbart hat oder bloßgestellt worden ist. Insofern hätte die eingangs gestellte Frage besser lauten sollen, ob Sie eine Person, die sich in genannter Art und Weise verhält, überhaupt zu kennen gewillt wären?

Man ist heutzutage zwar nicht mehr prüde in dem Sinne, wie dies vor 40 – 50 Jahren durchaus der Fall war, aber in einem „normalen" Rahmen sollten sich die Bilder der Sexualität dann schon abzeichnen. Mit Schwulen, Lesben, praktizierenden Sadisten und Masochisten oder weiß Gott welch noch existierenden Abartigkeiten - möchte man sich dann doch nicht auf eine Stufe stellen.

Was aber geschieht dann erst , wenn Sie diesen Menschen mit so etwas kommen, wie: Sie mögen Gummikleidung, welche Sie in allen erdenklichen Formen, Macharten, Materialstärken und Farben tragen, eine Kleidung, auf die Sie auch bei Nacht nicht verzichten möchten; Sie lieben Masken aus Gummi und Leder, welche bestimmte Sinneswahrnehmungen einschränken sollen und außerdem einen gefälligen Druck gegen den Kopf ausüben; Sie stehen auf gegenseitige Fesselspiele, die optisch eine betörende Wirkung ergeben oder aber dem gefesselter Part wunderbare Empfindungen durch Druck auf verschiedene Körperteile bescheren können; oder solche Fesselungen, die als Fixierung bis zur völligen Unbeweglichkeit eine andere Art von Freiheit und Frei – sein herbeiführen können; und so manches mehr, wobei die häufig erscheinenden Bilder der Phantasie in weitaus bunteren Farben gemalt sind und somit einen erheblich größeren Toleranzrahmen erforderlich machen würden – wenn man diese Bilder denn öffentlich ausstellen würde. Als solch ein schräger Vogel geben Sie sich also zu erkennen. Ich denke, die Reaktionen wären verstörte Blicke, welche die Peinlichkeit der Kenntnisnahme dieser Abnormitäten   zum Ausdruck bringen würden. Ungläubiges Kopfschütteln könnte folgen, was gleichsam dazu diente, eine absolute Unkenntnis wie ebenso ein vollständiges Unbehagen ob solcher Absonderlichkeiten kundzutun. Es käme zu einer verbalen Ablehnung, ohne Benennung jeglicher Fakten, dafür in Form einer gewissen abwertenden Sprache, mit der wiederum die unumstößliche Abneigung gegen derartige Praktiken postuliert würde. Es könnte auch ein misstrauisches Schweigen einsetzen, welches mehr Aussagekraft besäße als alle bösen Worte zusammen, weil diese Art von Stille ausdrücken würde, dass man mit solch abwegigen Dingen nun wirklich nichts zu tun haben möchte, also von derartig unnatürlichem Verhalten und damit von diesem Menschen sich eindeutig zu distanzieren gedenkt.

Menschen urteilen negativ über sexuelle Verhaltensweisen anderer Menschen, obwohl sie die Bedeutung der jeweiligen Oberbegriffe der speziellen Vorlieben nicht korrekt zu deuten verstehen, geschweige denn wissen sie, wie ein Mensch, der diese Vorlieben auslebt, im einzelnen mit diesen Begriffen umgeht, auf welche Art und Weise er sie umsetzt; in welcher Form, mit welcher Intensität, unter welchen Voraussetzungen und mit welchen Zielen, mit welchem Aufwand an Gedanken und Einfühlungsvermögen er diese Form der Erotik auslebt und ausleben lässt. Jeder hat seine eigenen Bilder im Kopf, jedes Bild passt jedoch nicht in jeden Raum – und ob in einem Raum genau das Bild zur Schau gestellt wird, von welchem man glaubt, dass es dort hängen müsste, ist immer eine spekulative Annahme. Personen, die anders sind als man selber oder – noch besser – anders sind als fast alle anderen, sind leicht zu verurteilen und genauso schnell sind sie falsch beurteilt.

Der Fall einer genau umgekehrten Reaktion wie der eben geschilderten, nachdem Sie ihre Leidenschaften haben zu erkennen gegeben, wäre der, dass die Gesprächspartner ein freudiges und entspanntes Lächeln verbreiten, welches in den

Raum strahlend kundtut, dass sie seit ewigen Zeiten nichts besseres gehört und erlebt hätten, ja, dass das Gehörte einer Erlösung gleichkomme, da sie – nun können sie es erleichtert und freudig mitteilen, mit dem gleichen Faible behaftet sind, jedoch sich im Traum nicht dazu haben durchringen können, dieses Thema anzuschneiden, da sie immer im Zweifel darüber waren, ob diese Leidenschaft von unseren Freunden oder von überhaupt jemanden, den wir kennen und mögen, akzeptiert werden würde. Der zweite beschriebene Fall dürfte wohl die Ausnahme bleiben, jedoch halte ich einen solchen Vorgang durchaus für möglich.

Bei meiner schriftlichen Analyse der genannten Themen bleibt mir der Nachteil, dass ich die Reaktionen des Lesers, seine Einwände, seine Zustimmung, seine Argumente, seine eigene Art – die vielleicht sogar Ähnlichkeiten aufweist – diese Fetische auszuleben, nicht unmittelbar erfahre, darüber nicht mit ihm sprechen, zuhören und diskutieren kann. Der Vorteil jedoch liegt darin, dass ich mir recht sicher sein darf, die passende Klientel für meine bescheidenen Ausführungen zu erreichen. Jemand, der zu den Begriffen Gummifetischismus und Fesselspiele als erotische Spielarten keine Verbindung herstellen kann, der absolut keinen Draht dafür hat oder dieser sexuellen Präferenzstruktur gar abweisend, ja feindlich gegenübersteht, wird sich in keinem Medium danach umschauen. Personen, welche jegliche sexuellen Variationen, die mit dem ausschließlichen Zeugungsakt oder mit ehelichen Verpflichtungen nichts gemein haben, die also von unnormalen und somit gefährlichen Menschen praktiziert werden, als unakzeptabel, pervers oder gar als lächerlich bewerten, werden meine Ausführungen eher nicht zur Hand nehmen, weil dieses Thema - oder zumindest ein fairer Austausch zu dieser Problematik – diese Klientel ebenso wenig interessiert, wie beispielsweise einen leidenschaftlichen Fleischesser die Kunde von pflanzlichem Essen oder den Kettenraucher die Ekelbilder auf den Zigarettenpackungen.

Insofern bin ich mir sicher, niemand zu verärgern oder den Eindruck zu vermitteln, ich wolle unbedingt meine ganz persönlichen, ja intimen Angelegenheiten, meine

ungewöhnlichen sexuellen Anlagen in die Öffentlichkeit tragen, andere Menschen durch meine nicht alltäglichen Praktiken beeinflussen, ihnen Ratschläge aufzwingen oder gar meine Entwicklung, mein Verhalten bezüglich meines erotischen Lebens rechtfertigen oder mich dafür entschuldigen.

Keinem Menschen soll etwas aufgedrängt werden, intime Dinge schon gar nicht. Jeder freie Mensch kann sich mit solchen Themen befassen, die ihn interessieren, die ihn bewegen, ihn erfreuen, ihn weiter bringen.

Ausgehend von dieser Sichtweise glaube ich meine Gedanken, Erfahrungen, meine Erlebnisse – ob positive oder negative – meine Einstellung und meine persönliche

Meinung zu den mich bewegenden Themen, die da sind Gummifetischismus und Fesseln, nicht verheimlichen oder verstecken zu müssen, als wären sie Verbrechen oder ungeheuerliche sexuelle Handlungen, vor deren Verbreitung der Rest der Welt geschützt werden müsse.

Denn es gibt sie, es gibt diese Personen, die mit genau solchen oder ähnlichen sexuellen Präferenzen behaftet sind. Personen, die wie ich einen Kampf zwischen Freud und Leid auszutragen gezwungen sind; Personen die versuchen, ihr eigenes sexuelles Verhalten zu verstehen, auszuleben und zu ordnen – und vor allem, ihre ungewöhnliche sexuelle Veranlagung mit denen des intimen Partners so zu verbinden, dass im günstigsten Fall eine für beide akzeptable Lösung für ein gemeinsames Intimleben entsteht. Wie viele Menschen mag es geben, welche mit einem ähnlichen genetischen Code bedacht wurden, die nicht ahnen, geschweige denn wissen, welche Vorgänge, welche Erlebnisse sie in den einzelnen Räumen eines derartigen erotischen Hauses erwarten; junge Menschen, die sich mit Selbstzweifeln beladen und sich nicht sicher sind, wie sie sich in diesem Haus bewegen sollen, welche Tür sie besser geschlossen halten möchten, mit welchen Einrichtungsgegenständen sie nur vorsichtig und mit Bedacht zu Werke gehen dürfen.

Vielleicht nähmen diese Personen einen ihnen zur Hand gereichten Lageplan dankbar an, welcher in diese oder in jene Richtung weist und somit Unterstützung bietet, um ihren Weg finden zu können auf den endlos sich erstreckenden Korridoren, die, gefüllt mit vielfältigen Phantasien, mit unendlicher Anzahl an Spielarten, Variationen, Absonderlichkeiten der Erotik, nur mittels Erfahrung durch das selbst Erlebte - oder eben mit Hilfe eines Kompasses - begangen werden können, ohne ein böses Erwachen erleben zu müssen. Ich jedenfalls hätte in meinen Jugendjahren, zu einer Zeit, in welcher ich hin und hergerissen wurde von den mir unbekannten Gefühlen, von Selbstzweifeln und Ängsten, ob meiner augenscheinlichen sexuellen Abartigkeit, ich hätte meine Hände gereicht, um mich durch dieses Haus führen zu lassen. Ja, selbst heute noch, da ich mit einigen Räumen dieses Hauses gut vertraut bin, wäre ich für manchen Wegweiser dankbar. Mich interessiert es, welchen Erlebnissen ähnlich veranlagte Personen auf ihren Wegen begegnet sind, wie sie diese verbracht und gemeistert haben, welche guten und welche schlechten Erfahrungen sie dabei gewonnen haben.

Meine Darstellungen behandeln nur einen winzigen Teil einer

„Der Mensch ist nur da ganz Mensch, wenn er spielt"   *Friedrich Schiller*

unendlichen Auswahl von möglichen Handlungen, die in der Sexualität von Menschen auftreten können, wobei diese Darstellungen weder als „richtig" noch als „falsch" klassifiziert werden können, sondern nur die Möglichkeit bieten, solche erotischen Spielarten entweder zu akzeptieren, sie vielleicht selbst zu probieren, oder sie in keiner Weise verstehen und nachvollziehen zu können und somit auf Distanz zu gehen. Für mich gilt prinzipiell – dies spiegelt sich auch in meinen sexuellen Praktiken wider - dass alles was im Rahmen von erotischen Handlungen geschieht, nur auf absoluter Freiwilligkeit aller Beteiligten getan werden darf. Das schließt natürlich ein, dass die betreffenden „Mitspieler" volljährige, geistig intakte Personen sind, die sich aus den unterschiedlichsten Gründen, jedoch aus eigenem Antrieb an dieser kurzweiligen Freizeitbeschäftigung beteiligen wollen. Dieses Tun beinhaltet keinen anderen Sinn, als dem immer wieder an die Tür klopfenden sexuellen Trieb, welcher hier eben seine ganz individuelle Klangfarbe trägt, Genüge zu tun, Befriedigung zu verschaffen, im Idealfall Befriedigung für alle Beteiligten zu erreichen. Diese erotischen Spiele sind einerseits purer Luxus, da sie der von Natur aus eingeforderten Lustgewinnung dienen, andererseits aber auch eine Notwendigkeit, um dem individuellen, naturgegeben sexuellem Verlangen gerecht zu werden, was das Allgemeinbefinden – was bezüglich der unterschiedlichen Menschentypen sehr verschiedenen sein wird - nicht unerheblich beeinflussen kann.

Wie bereits erwähnt, beschränken sich meine persönlichen sexuellen Vorlieben auf das Tragen von Gummikleidung in vielen Varianten, von einer einfachen Gummischürze bis zum maßgefertigten Ganzkörperanzug, von einer einfachen Betteinlage aus reinem Gummi bis zum dickwandigen Gummisack, von Füßlingen mit ausgeformten Fußzehen aus

Latex über Gummihandschuhe in unterschiedlichen Längen und

Materialstärken bis hin zu Gummimasken mit Aussparung für Augen und Mund oder solchen ohne jegliche Öffnungen, auf Badekappen und Gasmasken; sowie auf Fesselspiele in unterschiedlichster Art und Weise, ausgeführt mit Seilen, Gummi- oder Lederschnüren, Lederriemen, Metallketten, Handschellen, Halsbändern, Ballknebeln; praktiziert durch Fesseln an Bettgestelle, an Stühle, im Stehen, im Sitzen, im Liegen – und zwar als aktiver wie auch als passiver Teilnehmer. Bei all meinen sexuellen Handlungen spielen Gewalt, Schläge oder körperliche Verletzungen des Partners und von mir selbst absolut keine Rolle, da sie mir weder aktiv noch passiv zur Lustgewinnung gereichen – wer sich also auf diesem Gebiet belesen möchte, wird hier nichts dazu finden; die Fesselungen beinhalten für mich andere erregende Momente, wie ein ganz spezielles erfühlen von Druck, welcher durch variables Anlegen verschiedener Fesseln hervorgerufen wird; ein einzigartiges Körpergefühl durch Fesselungen, die kaum eine Bewegung zulassen; das betörende Gefühl während Fesselungen in konsequenter Isolation; und selbstverständlich der optische Aspekt – bei der aktiven Fesselung des Partners. Bei den Fesselspielen, die teilweise mit Atemspielen einhergehen, sind Vorsicht und ständige Aufmerksamkeit gegenüber dem gefesselten Partner oberstes Gebot. Ausnahmslos bestimmt der gefesselte Partner, was geschehen darf, wie etwas geschehen darf, in welcher Intensität etwas geschehen darf und wie lange etwas geschehen darf. Ein Stopp – Ruf bzw. ein Stopp - Zeichen hat absolute Priorität, hat eindeutigen Vorrang vor der Lustgewinnung, vor der eigenen Befriedigung, überhaupt vor allem. Meine Ausführungen mögen nicht für jeden nachvollziehbar sein und unglaubwürdig erscheinen – sie sind jedoch voll und ganz authentisch. Nicht Wahrheitsgetreu sind

die Namen aller Beteiligten, Ortsnamen oder dergleichen, um die Anonymität der beteiligten Personen zu gewährleisten. Ebenfalls von mir frei erfunden sind die kurzen, kursiv geschriebenen Geschichten wie auch die Gedichte bzw. veränderte Texte einiger bekannter Lieder. Die kleinen Passagen, die mit dem gekennzeichnet sind, sollten nicht auf Ernsthaftigkeit geprüft werden, man darf gerne auch mal über etwas lachen.

Man bekommt im Leben nicht so oft Gelegenheit, um über das Ausleben seiner Veranlagungen reden zu können. Also sollte man darüber schreiben. Außerdem gibt es wenig Authentisches über Gummifetischismus und den mit diesem einhergehenden Variationen zu lesen – was wirklich lesenswert wäre, so dass ich es für notwendig erachte, selbst etwas über dieses Phänomen zu dokumentieren. Das halte ich für durchaus legitim, denn ein Gummifetischist ist schließlich kein übler Auswurf, sondern ein Mensch. Einer, der keine Gefahr für irgendjemand darstellt, vor dem sich keiner fürchten muss. Er ist ein Mensch mit seinen eigenen Wesenszügen, prinzipiell genauso wie ein nicht-Fetischist. Der Wert eines Menschen wird gemein danach bemessen, welchen Beitrag er für andere Menschen, für die Gemeinschaft, leistet, wie er sich anderen Menschen gegenüber verhält, ob er ihnen Schaden zufügt oder ihnen Nutzen bringt. Ein Gummifetischist als solcher fügt keinem anderen Menschen Schaden zu, ist keine Ungeheuer und somit zumindest als Mensch zu tolerieren. Im Übrigen existiert nach meinem Wissen kein Reinheitsgebot für Sexualität. Wie diese beschaffen ist, mit welchen Ingredienzen sie verfeinert und mit welchen Hilfsmitteln auch immer sie genossen wird, ist ausschließlich Sache der Konsumierenden.

Lieber gefesselt auf dem Bett liegen als gar keine Freiheiten genießen dürfen

Eine mündliche Unterhaltung zu diesen Themen auf angemessenem Niveau kommt eben auch nicht so einfach zustande. Man sollte vorerst sondieren, ob es mit den potentiellen Gesprächspartnern möglich wäre, über ein

derartiges Thema   zu reden. Dafür ist ein vorsichtiges Herantasten vonnöten, um zu erkennen, wie weit man dieses Thema vertiefen kann, um dem Gedankenaustausch einen gewissen Sinn verleihen zu können. Ein Großteil der Leute würde einen wahrscheinlich überhaupt nicht verstehen, wollten dem Verstehen erst gar keine Chance einräumen, würden abblocken oder sofort mit überlangen Schritten auf Distanz gehen. Dann möchte man es besser unterlassen und erzählt stattdessen über das Wetter, welches nie das richtige ist, worin einem alle in Eintracht zustimmen. Denn sollten die anwesenden Personen neben dem Unwissen zu bestimmten Verhaltensweisen noch Mangel an entsprechender Phantasie besitzen, dann ist es leicht möglich, dass ein übler Streit sich zusammenbraut, welcher diesen feinen erotischen Genüssen niemals angemessen sein kann. Das Resümee daraus: es regt mich leidlich auf, dass in diesen Dingen an Unwissenheit leidende sich über etwas aufregen, was mich besonders erregt. In einer sexualisierten Scheinwelt (oder in einer Schein – sexualisierten Welt), in der alles möglich scheint und Sex ein Gradmesser der Gesellschaftsfähigkeit sein möchte, spricht kaum jemand offen über SEINE Sexualität. Wenigstens nicht ernsthaft oder nur wenig glaubhaft. Die Ursache liegt in der allgegenwärtigen Überbewertung sexueller Aktivitäten, in der anders geartete Verhaltensweisen sofort als nicht ganz konform oder besser gleich als pervers betrachtet werden.
Diese Intoleranz erzeugt bei vielen Menschen Scham und eine regelrechte Angst, verlacht und letztendlich von der Gemeinschaft ausgeschlossen zu werden.
Also beteiligen wir uns in bequemer Weise an diesem kleingeistigen Geplapper, anstatt den eigenen, uns formenden Gefühlen den nötigen Respekt zu erweisen und
alle anderen mit ihren Trieben in Frieden zu lassen, damit sie sich bei ihrem Treiben in Ruhe treiben lassen können.

Ein langer Weg

Ja, ich bin Gummifetischist – und ich bin damit zufrieden, ein bekennender Liebhaber von Gummikleidung mit all seiner Vielfalt zu sein. Der Gummifetischismus ist im Laufe vieler Jahre für mich zu einem erotischen Biotop geworden. Sollte ich eine Klassifizierung nach Binet vornehmen müssen, so würde ich mich so einstufen, dass ich mich vom ursprünglichen „kleinen Fetischismus" im Laufe der Zeit zum „großen Fetischismus" hin entwickelt habe. Zugegeben, das Wort „Gummifetischist" gefällt mir nicht wirklich. Es stört mich leicht. Nehmen wir doch mal beispielsweise einen Feinschmecker, oder sagen wir besser, einen Vielfraß, zum Vergleich: den nennt man landläufig Gourmet. Dann sollte doch, schon um der Gleichbehandlung willen, die Bezeichnung eines Gummifetischisten als „Gummet" gerade angemessen sein.

Also, ich bin Liebhaber von Gummikleidung aller Art, gerne in Verbindung mit Fesselspielen, und zwar als aktiver wie als passiver Teilnehmer. So einfach und selbstverständlich ist es wiederum aber auch nicht, diesen Umstand, der über mich berichtet, die vielen Einzelheiten, Phantasien und Gedanken

Dieses Thema ist es wert, in einem Buch erklärt zu werden, wenn auch die Seiten nur aus Papier – und nicht aus Gummi – sind.

offenzulegen, wenngleich die Art und Weise, dies zu tun, - also die schriftliche Form, jedoch nicht die mündliche, direkte, die wirklich persönliche, von Angesicht zu Angesicht - ungleich einfacher sein dürfte. Richtigerweise sollte ich außerdem anmerken, dass es mir jetzt, gegenwärtig, relativ leicht fällt, über mein Leben mit diesem Fetisch zu informieren, als dies vor ein paar Jahren noch der Fall gewesen sein mochte. Allerdings wäre es mir noch eine Weile vor dieser Zeit nie und nimmer möglich

gewesen, in irgendeiner Weise jemanden über diese Tatsache
Auskunft zu geben, mitunter konnte ich nicht einmal daran
denken, ohne von einem schlechten Gewissen geplagt worden
zu sein, da ich mir diese Tatsache – ich bin Gummifetischist –
noch nicht mal vor mir selbst eingestehen hatte können,
gleichsam, als ob ich zwei Menschen gewesen wäre – eine
öffentlich auftretender und ein geheim agierender.
Mit den folgenden Bekenntnissen werde ich also den zweiten
Befreiungsschlag ausführen - nach dem Eingeständnis mir
gegenüber folgt nun sozusagen die Offenbarung: Beide
Aktionen richten sich gegen mich selbst, gegen die Diskretion
zu meiner Person, gegen die Furcht, plötzlich, in den Augen von
Bekannten, ein anderer Mensch zu sein, ein anderer Mensch
zumindest in dem Sinne, als den mich diese immer gesehen
haben mochten oder vielleicht auch sehen wollten, und nun,
nach der Beichte dieser „Ungeheuerlichkeit ", als nicht ganz der
Norm entsprechender (denke: ein pervers Veranlagter und
ebenso Handelnder) da zustehen. Für mich bedeutet dieses
Vorgehen vor allem das Erlangen sexueller Hygiene, das
Reinwaschen von Selbstvorwürfen, Ängsten; Scham,
Selbstzweifeln, ja Selbstverachtung, denn zeitweise fühlte ich
mich wegen meiner spezifischen sexuellen Eigenheiten wie vom
Bösen   kontaminiert. Dabei möchte ich mich weder
rechtfertigen, noch irgendjemand für diese meine Neigung um
Verständnis bitten, geschweige denn dazu animieren, Gleiches
zu tun, vielmehr möchte ich informieren, was jedoch nur als
Nebenprodukt abfallen soll, während das Hauptaugenmerk
darauf gerichtet sein wird, die folgenden Schilderungen zum
Zwecke der Befreiung von den mir innewohnenden
Hemmungen zu nutzen.
Denn selbst, wenn man mit sich sozusagen „im Reinen" ist,
wohnt einem jedoch mit dieser Einstellung bei weitem nicht die
Gleichgültigkeit inne. Sollte, wo und wie auch

immer, dies Thema offenbar werden – was wahrscheinlich mit einem negativen Anstrich versehen sein könnte – dann stellt sich willkürlich ein mulmiges Befinden,

eine Art von Schuldgefühl, ein sonderbar sich anfühlendes Schamgefühl ein, so, als wenn man einer besonders verabscheuungswürdigen Spezies oder zumindest einer furchteinflößenden Gattung von Unmenschen angehören würde; ja man vermag beinahe sich selbst nicht mehr zu kennen und zu trauen.

So ging es vielleicht auch in der Öffentlichkeit stehenden Menschen, oft in hohen Ämtern beheimatet oder als große Sportler, als beliebte Schauspieler bekannt, die sich eines schönen Tages selbst der Welt als schwul offenbart haben, oder auch durch andere Personen, aber auch Medien, oftmals wegen unlauterer Absichten, in dieser Offenlegung freundlich unterstützt worden sind, und nun, vor dem nächsten Auftritt auf dem Fußballfeld, einer politischen Veranstaltung oder in einer Fernsehsendung am liebsten sich selbst nicht mehr zu kennen wünschten, vielleicht, wegen ihrer Neigung – die, wie alle nun

Trage einen Gummianzug. Verinnerliche das Gefühl. Die Art der Berührung ist ein Kompliment der zweiten Haut an deine eigene.

wissen, eine abnorme darstellt –, mit sich selbst ins Hadern geraten sein mochten. So weit darf das Verhalten eines Menschen als sozial eingestelltes Lebewesen, als jemand, der die Gemeinschaft sucht und sie will und auf diese angewiesen ist nicht führen- dass ein Mensch sein Wesen, sein Ich leugnet, sich selbst zu hassen beginnt, weil er sich, in und mit dieser Gemeinschaft zu leben, nicht als konform ansieht. Nicht konform gerade in sexueller Hinsicht, ein Bereich also, der eh schon eine gewisse Brisanz der Gefühle in sich birgt. Das ist das Vertrackte. Der angeborene Herdentrieb des Menschen bleibt auch mit einer vorhandenen anders gearteten (sexuellen)

Neigung bestehen, wonach man unsinniger Weise selbst - als
Betroffener - eine „Norm", ein „normales" Verhalten als
Richtmaß des Zusammenlebens, also des „normalen", des
„ordnungsgemäßen", des „akzeptierten" Zusammenlebens
begreift, um bloß nicht als Exot einer Gattung verachtet und
ausgestoßen zu werden.
Was jedoch von wem als **die** Norm anzusehen ist, wird kaum
definiert. Es gilt eher das Ausschlussverfahren, bei dem -
Unkenntnis der zu besprechenden Eigenarten darf vorausgesetzt
werden - Dies und Jenes, erst recht Solches und Derartiges als
nicht normal, abartig, verrückt oder unerträglich bewertet wird.
Die Fragen: was ist es, was Männer wie mich in Anzüge aus
Gummi treibt, dass etwas Lebloses für sie erregend wirkt wie
etwas Lebendiges? wieso benötigen sie fesselnde Spiele um
sexuell stimuliert zu werden? - ich glaube, es betrifft fast
ausschließlich Männer – ist für mich noch immer nicht
beantwortet, aber was ich geneigt, ich sage besser, gezwungen
bin zu tun, welche Empfindungen, welche positive wie negative
Gedanken mich dabei beschäftigen, welche Ängste und Freuden
mit diesem Fetisch einhergehen, welche Phantasien in meinem
Kopf sich entwickeln und in welchem Maße sie Verwirklichung
finden, das möchte ich hier behandeln.
Dass mein bisheriges Leben maßgeblich von Gummi –
namentlich von Kleidung aus Gummi - beeinflusst wurde und
dieses Material auch weiterhin erheblichen Anteil an meinem
Wohlbefinden haben wird, will ich zum Anlass nehmen, meine
bisherigen Erlebnisse wieder einmal abzurufen, um dieses
Phänomen etwas näher zu untersuchen. Das Feld meiner
sexuellen Präferenzen wurde außerhalb meines Bewusstseins
bestellt. Mir bleibt nur, diese reifen Früchte zu ernten und mit
Appetit zu verzehren – warum sollte ich mich stattdessen mit
Unbekanntem ernähren, zumal diese Pflanzen sich auf meinem
eigenen Nährboden hervorragend entwickelt haben und

dementsprechend schmackhaft sind und meiner Gesundheit dienlich sein dürften.

Es ist eine Leidenschaft, welche Gummi – das für mich gleichsam den vierten Aggregatzustand darstellt – bei mir ausgelöst hat und welches bis heute als unverzichtbarer Teil Einfluss auf meine Gefühlswelt ausübt. Wie und wann habe ich die fesselnde Wirkung dieses Materials entdeckt; was waren die ersten Berührungspunkte; welche Entdeckungen gab es für mich zu machen; welche Fragen eröffneten sich mir; wieso spürte ich Ängste; warum trieben Zweifel mich um; welche Freuden und Gefühle nahmen von mir Besitz.

Wie Gummi die erotischen Gefühle beeinflussen kann, wird sicher nur ein echter Gummiliebhaber, ein geborener, oder aber im Laufe der frühen Kindheit gewordener Gummifetischist verstehen können.

Du kannst in einem Gummianzug schwitzen aber auch frieren, jedenfalls sorgt er immer für ein hervorragendes Klima und ein sicheres Wohlbefinden.

Was bringt einen Jungen aus einer Provinzstadt, der sich ansonsten – nun sagen wir durchschnittlich und ganz normal - entwickelte, dazu, sich für Kleidung aus Gummi zu interessieren? Und das in einem Land, in dem es für Menschen mit dieser Vorliebe nur wenig zu erwerben gab, außer ein paar Gummihandschuhen, einer Badekappe oder einer Gummischürze für den Haushalt.

Wieso entwickelt dieser Junge eine derartige Leidenschaft in einer Umgebung, in der er persönlich von einem anderem Gummifetischisten noch nicht einmal im Traum gehört hatte oder gar wäre angesprochen worden, in einer Welt, in der es kaum Literatur oder gar Fotomaterial gab - von Filmen ganz zu schweigen - keinen Sex Shop oder sonst eine Einrichtung, die zur Befriedigung dieser Veranlagung hätte dienen können -

korrekt gesagt, die ihn erst einmal auf die Spur dahin hätte
bringen können.
Gummikleidung wie gleichfalls der Hang zu Fesselspielen bilden
bei mir eine verschworene Einheit. Dieses Interesse an
gefesselten Körpern, welche in meinen Phantasiebildern
vornehmlich die von Frauen waren, hat mich wiederum derart
gefesselt, dass ich mich, aus Ermangelung einer aktiven
Umsetzung – zumindest vorerst – durch Phantasiebilder in
einen in Erregung bringenden Zustand brachte.
Was hat dieses immer größer werdende Verlangen nach Gummi
und zu den verschiedensten Praktiken des Fesselns bereits in
frühen Kindertagen ausgelöst und wieso riss der Faden dieser
Begierde niemals ab? Durch das Anziehen von
Gebrauchsgegenständen aus Gummi, wie Schürzen und
Handschuhen, sowie durch Selbstfessellung auf
unterschiedlichste Art und Weise in Verbindung mit
Selbstbefriedigung, konnte ich diesen Trieb in gewisser Weise
stillen. Allerdings waren die Grenzen des gedanklich
vorhandenen in der Realität jedoch nicht Erreichbarem relativ
schnell erreicht. Eine Wäscheleine, Lederschnüre, Gürtel und
Riemen wie alltäglich zu verwendende Gummisachen waren
relativ unschwer zu beschaffen, aber der Trieb treibt weiter und
die Vorstellungen, die in Bezug auf das Fesseln von den Medien
mehr bedient wurden, als das zum Thema Gummi der Fall war,
machten schnelle Schritte und waren den tatsächlichen
Möglichkeiten weit voraus. Ästhetische Stahlketten oder gar
Handschellen, Halseisen, Fesselstühle, Ledermanschetten,
Daumenfesseln, Fesselkreuze, Käfige, Flaschenzüge und
dergleichen kamen somit lange Zeit nur in meinen Träumen
zu Anwendung.
Die Krönung der Filme, die in meinem Kopf abliefen, waren die
Szenen mit der Kombination von Fesselung und
Gummikleidung, welche ich überhaupt nicht besaß. Die
Auswahl von Varianten des Fesselns, von verschiedener

Latexbekleidung und besonders verwegenen Handlungsweisen
waren schier unerschöpflich, obwohl – oder gerade weil ? – es
an Greifbarem, an Umgänglichem, an Bildhaftem mangelte.
Seltsamerweise waren bei all meinen Phantasien, während derer
ich ganze Filme abspulen ließ (in welchen ich gleichsam
Regisseur, Darsteller und Zuschauer war), keinerlei
masochistische oder sadistische Momente von Bedeutung.
Selbst Gequält oder verletzt zu werden hatte für mich genauso
wenig Bedeutung wie das Ausüben von Gewalt gegen andere. Es
war das Fesseln an sich, das in der Bewegung eingeschränkt sein,
das
Spüren der Gegenkraft zu den der eigenen Bewegungen
innewohnenden Spannungen, was mich beeindruckte – im
wahren Sinne des Wortes – es ist der Druck der Fesseln, der

*Der Gummianzug darf sehr gerne sehr schwer sein, so dass man, wenn er
denn übergezogen ist, treffenderweise von „tragen" sprechen kann*

Mich faszinierte und bis heute nicht loslässt. Es brauchte eine
lange Zeit, bis ich die eigentliche Bedeutung dieses Phänomens
für mich deuten konnte. „Seltsamerweise" sage ich am
Satzanfang deshalb, weil Neigungen zum Fesseln oder des
gefesselt werden, erst recht in Zusammenhang mit Leder oder
Gummi, bei vielen Menschen sofort mit der Anwendung von
Gewalt oder dem Wunsch nach Erdulden von Gewalt in
Beziehung gebracht werden.

Warum Gummi ?

Der Höhepunkt dieser Erlebniswelt wird erreicht, indem diese
beiden Bedürfnisse, Fesseln und Gummikleidung vereint, zur
Anwendung kommen. Aber wieso muss es unbedingt
Gummikleidung sein?

Gummi bildet eine einzigartige Symbiose zwischen Aussehen, Geruch, Geräuschen und Berührungseigenschaften. Gummi ist nicht nur ein Material, bezeichnet und geschrieben durch fünf Buchstaben, es ist ein Code für das Erlangen von einzigartigen Gefühlen. Gummi ist die Musik, die Lust und Freude zum Tanzen auffordert, es ist die Umarmung von Stoff gewordenen Emotionen, Gummi ist ein einzigartiges haptisches Biotop.

Welche Fülle an Reizen löst ein Ganzkörperanzug dieses Materials beim Anziehen aus? Für die Haut, das größte zum Fühlen geeignete Organ des Menschen, kann es keine bessere Anerkennung geben. Was kann den Körper so allumfassend berühren außer Wasser und Luft? Doch wirken sie viel intensiver, die taktilen Reize, welche ein Gummianzug überträgt. Die Haut nimmt unterschiedliche Drücke wahr und die

Bewegungen der zweiten Haut auf der eigenen, je nachdem welche Dicke das Material besitzt, woraus der Anzug gefertigt,

je nachdem, wie eng oder wie weit die Passform gewählt wurde, oder wie viele Lagen übereinander gezogen werden.

Bei angemessener Umgebungstemperatur bildet sich in diesem privaten Kosmos ein angenehmes Klima. Du fühlst dich – einerseits – eingeschlossen, einer besonderen Geborgenheit überantwortet, gleichzeitig aber vollkommen gelöst und frei. Die eigene Phantasie strömt in einen unendlichen Raum. Bei jeder Bewegung verändern sich die Druckpunkte, das Spiel der Falten ist die Zugabe dieses „Elastikums" in Form einer Massage.

Beim Berühren und streicheln mit der Hand merke ich, dass es fast nur raue Oberflächen im Vergleich zu diesem Material geben kann (die Haut einer Frau zeigt sich in Fragen der Oberfläche durchaus ebenbürtig, aber welch ein Kompliment wäre es, einer Frau zu bedeuten, sie habe eine Haut wie Gummi ?). Wer im Sommer bei großer Hitze in einem etwas kühleren Raum einen kühlen Latexanzug überzieht, schenkt seinem Körper nicht nur eine erfrischende Abkühlung, sondern seinem Kreislauf einen belebenden Kick. So daliegend, alle Vier von

sich gestreckt, kann eine Siesta sowohl geruhsam als auch
erregend zugleich sein.
Möchtest du dagegen deine Entspannungsphase in angenehmer
Wärme verbringen, wozu   die Wintermonate regelmäßig
verführen, dann gleitest du am besten in einen Gummianzug,
der vorher eine kurze Weile auf einem Heizkörper erwärmt
wurde und sich gleichsam wie das warme Wasser in einer
Badewanne anfühlt. Dieses Material bewirkt die Isolation des
Körpers bei gleichzeitigem Freiwerden von außergewöhnlichen
Empfindungen. Völlig gleichgültig dabei ist die Körperhaltung.
Gummi legt sich mit seiner einzigartigen Oberfläche, seiner

*Bereits die Kinderschuhe, in denen man als junger Fetischist steckt, sollten
aus Gummi sein.*

atemberaubenden Dichte und seiner wärmenden Schwere auf
alle sensitiven Punkte des Körpers und der Seele.
Du wirst gedrückt ohne bedrängt zu werden, weil dieses
Material Druck ausübt, um gleichzeitig Druck von dir zu
nehmen. Diese Membran trennt dich von allem was außerhalb
von dir liegt. Die Atmung deiner Haut beschränkt sich auf den
kleinen Zwischenraum der beiden Häute, falls der Anzug etwas
weiter gehalten ist. Bei einem passgenauen, enganliegenden Teil
wird eine andere Berührungskultur   spürbar, welche jeweils
durch Variation der Materialstärke noch unterschiedlich
eingestellt werden kann. Schon das Überziehen, das
Hineinschlüpfen in einen Komplettanzug lässt meinen Puls
höher schlagen. Bei original belassenem Latex ist die Innenseite
rauer und stumpfer als die äußere. Um während des Anziehens
den Widerstand der beiden Häute beim Reiben gegeneinander
so gering wie möglich zu halten, wird die Oberfläche der
Innenseite mit speziellem Puder bestreut. Bei Gummi, welcher
behandelt, sprich chloriert wurde, geht das Überziehen wie von
allein. Dieses widerstandslose Gleiten, dieses Rutschen in dieses

glatte Futteral macht der Haut mit ihrer Sinneswahrnehmung alle Ehre.

Der eigene, spezifische Geruch ist ein weiteres erotisierendes Merkmal von Gummi. Der Kenner derartiger Anzüge und Masken, Schürzen, Mäntel oder Handschuhe, von Bettwäsche oder Capes weiß, dass auch der Geruch des Gummis nicht als immer ein und derselbe zur Nase dringt, er bleibt aber trotz seiner Vielfalt ein unverzichtbarer Bestandteil des gesamten Gummimenüs. Vom fast süßlichen Duft eines Kleidungsstückes aus dünnem Latex bis zum streng – würzigen Geruch einer

Wenn Gummikleidung und Fesselungen die Zuchtmeister deiner Obsessionen sind, wird der darkroom zum hellsten Ort auf Erden.

Gasmaske aus dickem Gummi besitzt dieses Material seine eigene unwiderstehliche Geruchspalette. Das Inhalieren dieses Aromas bei gleichzeitigem entlangstreicheln der Hand auf der dem Geruch identisch erscheinende Oberfläche ergibt eine wundersame Symbiose von äußeren und inneren Empfindungen.

Eines Tages bekam ich vom Atelier Kunzmann, einem Hersteller von Gummibekleidung aller Art, ein Paket, in dem neben meiner Bestellung ein kleines gelbes, rechteckiges Stück Latex beigelegt war, welches als „Geruchsprobe" gedacht war. Es hatte die Duftnote Vanille.

Es handelte sich um eine Neuerung, eine olfaktorische Variation von Latex, anscheinend für Menschen, die sich in gewisser Weise mit diesem Material arrangiert hatten, jedoch den typischen Geruch von Gummi beim besten Willen nicht ertragen wollten – was bei Frauen die Regel zu sein scheint – wie die Erfahrung lehrt. Zumindest habe ich dafür keine andere Erklärung, denn eben der originale Geruch –

respektive die feinen Variationen – gehört untrennbar zum Ensemble der Gesamtheit aller Eigenschaften dieses Materials und bildet einen bedeutenden Teil der faszinierenden Erscheinung dieses elastischen Stoffes. Jedenfalls für mich.
Ich roch an der kleinen Materialprobe und war fast etwas enttäuscht, dass Gummi auch so riechen kann, anders, unpassend, nicht wie dieser gelbe Schnipsel. Aber Verständnis für diese Manipulation kann ich schon aufbringen, weil ich – wie gesagt - aus persönlicher Erfahrung weiß, dass der Originalgeruch von Gummi auch schon als „Gestank"! bezeichnet werden kann.

Unter dem Gummimantel gedeiht der Körper wie eine Pflanze im Gewächshaus,

Das muss – und kann - man akzeptieren, und wenn das Tragen von Gummikleidung allein durch das Beseitigen dieser Ursache eine mögliche Option dieser Personen werden könnte, warum dann nicht auch Vanille? Aber leider sind die Gründe meist vielseitiger, wenn Frauen das Tragen von Kleidung aus Latex kategorisch ablehnen, es wenigstens affig oder gar eklig finden, diese Sachen zu berühren oder gar anzulegen - wofür noch nicht mal besonders ausgefallene Kleidungsstücke wie massig schwere Ganz-Anzüge oder Gasmasken notwendig sind. Man darf sich in derartigen Konstellationen schon glücklich fühlen, wenn diese Frau es soweit akzeptiert, dass man selber diese ungewöhnlichen Kleidungsstücke tragen darf, ohne dass diese bei dem nicht alltäglichen Anblick mit flinken Füßen und Ach und Weh für immer von dannen zieht.
Ebenso einzigartig macht die Geräuschkulisse des Gummis auf sich aufmerksam. Vom spitzen Schnalzen eines knallengen Slips über ein angenehmes Quietschen von

dünneren Kleidungsstücken bis hin zum dumpfen, weichen Blubbern eines Anzuges aus extra starkem Material genießt ein rigoroser Gummifan das gesamte Angebot
dieses fetischistischen Konzerts. Angenommen, du ziehst dir ein paar ganz dünne Latex Einmalhandschuhe an (besser ist es allemal, mindestens zwei Stück übereinander anzuziehen, wobei der erste, also der „untere", direkt die Haut berührende Handschuh „rechtsherum" überzuziehen ist, so dass die glatte Seite die Haut berührt, so, wie es vom Hersteller vorgesehen ist, damit man mit der Hand ganz leicht in den Handschuh hineinrutschen kann. Da aber nun die Außenseite zugleich die raue Seite ist, was dir als Liebhaber von Gummikleidung ganz

die Gummihaut umhüllt den Körper wie die schützende Atmosphäre ihren Planet.

und gar nicht gefallen dürfte, weil das Darüberstreichen nicht auf aalglatte Art und Weise geschehen kann, ziehst du nun über den ersten Handschuh den zweiten „linksherum" an – also seitenverkehrt. Nun spürst du auf der Haut einen weichen, glatten Druck, doch vor allem werden durch die glatte Außenseite des Handschuhs
die Berührungen von anderen Kleidungsstücken aus Gummi, und seien es nur die der anderen Hand, zu einem „glatten und widerstandsarmen Streichel - und Berührungserlebnis, eine regelrechte Rutschpartie, ganz so wie gewünscht), - also sie sind jetzt endlich übergezogen, die Handschuhe, - dann solltest du diese gummierten Hände bewegen, indem du die Finger rauf und runter pendeln lässt oder die Hand auf und zu machst.
Du wirst nun merken, dass diese dünnen Handschuhe ebenfalls dünne Laute erzeugen. Du hörst ein schmales, wohliges Knistern. Es hört sich fast zurückhaltend, ängstlich an, so, als ob diese zarten Handhüllen ausdrücken wollten, dass ein so filigranes Instrument nur leise Töne verlauten lassen darf.

Nimmst du dagegen ein Paar stabile, stark ausgeformte, bis zum Ellenbogen reichende Industriegummihandschuhe aus 1,5 mm dickem Material, die jedoch an der Innenseite nicht beschichtet sind - dann wirst du bei den gleichen Bewegungen, welche spürbar schwerer zu bewerkstelligen sind als bei den dünnen Handschuhen, ein volles, rundes, warmes Blubbern zu hören, welches in deine Gehörgänge einsinkt, um dabei, wie durch eine Massage, deine akustischen Sensoren zu sensibilisieren. Diese Laute wirken wie das optische Pendant der schweren Handschuhe, die mit breiten, im Licht matt glänzenden Falten

Das Tragen einer vollständig geschlossenen Maske verhindert das Sehen mit den Augen, eröffnet aber umso mehr dem Blick der Sinne ungeahnte Aussichten.

verdeutlichen, dass die Bewegung der Finger unter deren Einschluss nicht ohne Anstrengung zu von statten gehen wird.
Wenn du dann noch mit langen Atemzügen dieses unverwechselbare Aroma aufnimmst und gleichzeitig, bei entsprechendem Licht, das Spiel der Falten und der ständig sich verändernden Haut beobachtest, dann siehst du, wie die vom Gummi erzeugten Wellen im Wechsel von Hell und Dunkel um den Arm sich spülen, ihr Aussehen fortwährend verändern, gleich einer im Sonnenlicht sich wiegenden Wasserfläche.
Gummi ist jederzeit in der Lage, durch seine optischen Reize die Blicke des Betrachters auf sich zu ziehen, sie an sich zu binden und sie - wie durch eine korrekte
Fesselung, ohne die Möglichkeit der Befreiung - und sollte es auch noch so unerhört peinlich und unanständig sein - auf sich zu fixieren (vorausgesetzt, der Betrachter wird von der gleichen Manie beherrscht, wie es die meinige ist). Dieses Material legt sich mit seiner einzigartigen Glätte, seiner atemberaubenden Dichte und seiner wärmenden Schwere auf alle sensitiven Punkte der Haut und der Seele. Gummi bewirkt die Isolation

des Körpers, zugleich jedoch die Ausdehnung der sinnlichen Empfindungen im inneren Kosmos. Ein Gummianzug ist das einzige Kleidungsstück, mit dem ich Eins werde – sogar mit einem weit geschnittenen Anzug. Ein Knall eng sitzender Anzug ist bereits ein Teil von mir, so dass ich glaube, mit etwas Lebendigem in Berührung zu sein.

Gummi übt eine Macht aus, man verliert die Kontrolle; es stachelt an, es wühlt auf; es ist magisch, es lässt einen erschauern; es verleiht dem Aussehen, vor allem aber den haptischen und taktilen Reizen den letzten Schliff. Durch das Tragen von Gummi entsteht ein betörendes Gefühl.

Alle die genannten Eigenschaften, und dazu noch ein paar undefinierbare Aspekte, sollen erklären helfen, warum dieser Stoff, der kein Stoff im textilen Sinn ist, warum dieses Medium, dieser mit außergewöhnlichen Eigenschaften ausgezeichnete, Materie gewordener Glückszustand, eine derartige Anziehungskraft besitzt; wieso dieses zum verzaubern bestimmte Material für Menschen wie mich eine unwiderstehliche Kraft ausübt, wieso es fasziniert und verblüfft zugleich. Mit Gummi in den verschiedensten Varianten erfährt mein Körper außergewöhnliche Gefühle und reagiert auf sensationelle Weise. In Verbindung mit Fesselung wird das Erlebnis Gummi nochmals gesteigert, vor allem in Verbindung mit solcher Gummikleidung, die allein für sich schon fesselnden Charakter besitzt.

Im Laufe des Lebens verändert sich der Mensch. Er entwickelt sich weiter. Manche Gewohnheiten vergehen, neue entstehen; lange gepflegte Hobbys werden abgesetzt, durch andere ausgetauscht; einst unentbehrliche Eigenarten sind nicht mehr vorhanden, ehemals wichtige Rituale haben sich abgeschwächt oder sind völlig verschwunden. Viele der Tropfen, die den Fluss all dieser individuellen Merkmale einst gebildet haben, sind zusammen mit der Zeit versickert. Aber eines ist geblieben, hat sich noch verstärkt, hat sich in seiner Vielfalt

vermehrt, hat sich zu einem zuverlässigen und zugleich unentbehrlichen Objekt der Begierde entwickelt: Die Leidenschaft zum Gummi. Gummikleidung in seiner Vielfalt, in allen möglichen, in allen denkbaren und undenkbaren Varianten, für die verschiedensten Kleidungsweisen und Spielarten, Gummi in Form von Handschuhen, Hemden, Hosen, Anzügen, Mänteln, Schürzen, Masken, Bändern, Bettwäsche, Schuhen, Hauben, Umhängen, Socken und Unterwäsche.
Gummi ist für mich Auslöser und Katalysator exklusiver

Gummikleidung ist der Hoflieferant für ganz eigenartige sinnliche Gefühle

Gefühle zugleich. Dieses Material besitzt eine hervorragende Optik, eine verführende Oberfläche und einen ganz individuellen Charakter.
Aber wann und wie nahm eine derartige Fixierung auf dieses Material seinen Anfang?
Weshalb bin ich dabei geblieben und habe mich immer weiter vertieft in dieses Phänomen? Wieso ergänzt sich die sinnbildliche Fixierung zum Gummi mit tatsächlichem Fesseln? Warum genießt gerade bei mir dieser der Haut ähnliche Stoff besondere Präferenz? Wieso haben mich meine Begierden auf diesen, wenn auch aufregenden - aber dennoch leblosen - Verführer gelenkt? Wie viele Menschen von dieser „Sorte" wird es wohl geben? Wie viele Frauen sind darunter? (ich wage zu
behaupten: in der Art und Weise, wie Männer zum Gummi stehen und sich damit befassen, wie sie Gummi erleben und damit leben, lassen sich, leider, nur wenige bis noch weniger Frauen finden); lässt es sich mit diesem Fetisch in einer – sagen wir einfach mal „ normalen (?)" Beziehung überhaupt leben? Was tut man dem Partner an, der mit diesem wundersamen Material nichts Schönes in Verbindung bringen kann, es vielleicht bei körperlichen Kontakten gar verabscheut?

Eine interessante Entwicklung mit erstaunlichen Erkenntnissen, mit Freuden, Zweifeln, mit nicht ungefährlichen Grenzsituationen und vielen Fragen, aber auch Antworten – sowohl guten als auch schlechten – will ich Revue passieren lassen.

Gummifetischisten

*Nicht **weil** jemand nur fettig isst,*
*ist **deshalb er** ein Fetischist.*
*Doch trägt er **Gummi** glatt und fein*
*wird **Gummifetischist** er sein.*

*Der Körper sich gleich **besser** fühlt,*
*wenn **er** mit Gummi wird verhüllt.*
*Zugleich das **Herz vor Freude** hüpft*
***sobald** man in den **Gummi** schlüpft.*

alle Gummifetischisten
***schlüpfen** in die Gummihaut;*
*sie **leben** ihren Traum und wüssten,*
*wer alles **noch** dazu sich traut.*

Bekanntmachung mit Gummi

Ich blicke auf Erlebnisse zurück, die wie bedruckte Blätter eines Abreißkalenders in meinem Gedächtnis herumflattern, sich hin und wieder mir zuwendend, um mich in meiner eigenen Vergangenheit lesen zu lassen.

Ich entdeckte Empfindungen neuer Dimension, darunter manche, die sich nie wieder so intensiv wiederholt haben wie sie es beim ersten Mal getan haben.

Eines der unglaublichen Erlebnisse während meiner Entdeckungsreise in die einst fernen Gebiete des Gummifetischismus war für mich der Moment, als ich, damals vielleicht um die 10 Jahre jung, einen bestimmten Satz in dem Buch „Mann und Frau intim" las. Nun hatte ich mit dieser Lektüre nicht gerade ein Kompendium zur Anleitung für abwechslungsreichen Sex vor mir liegen, Bilder gibt es in diesem Werk keine, aber ich war derzeit eh noch grün und umso mehr war ich anfangs gespannt, bald erstaunt und schließlich entzückt und baff zugleich, ganze Sätze über solche Sachen geschrieben, genauer gesagt, gedruckt zu sehen. Das Geheimste aller meiner persönlichen Geheimnisse, dazu das peinlichste aller meiner Geheimnisse, eines, das nach meiner damaligen Einschätzung nur mich ganz allein betreffen konnte, wurde hier buchstabiert, richtiger gesagt, es bekam für mich überhaupt erst einen Namen und eine Beschreibung. Ich las das erste Mal in meinem Leben ein Buch, in dem auf das Thema „Gummifetischismus" eingegangen wurde. Dieses Wort, dieses eigentlich unschöne Wort „Gummifetischismus", welchem schon vom Klang irgendetwas Unangenehmes anhaftet, dieses Wort stand auf einer Seite dieses kleinen Buches! Allein dies geschriebene Wort hatte mich in höchstem Maße erstaunt, erfreut, erregt, verunsichert, verwirrt - es gab also so etwas wirklich! Ich war weiß Gott nicht allein. Es war wenig, sehr wenig, was es dort über dieses Thema nachzulesen gab – „ ... Menschen, die sich zur sexuellen Erregung Gummianzüge überstreifen…" – aber so etwas von faszinierend zu lesen, dass ich diese Stelle noch dutzende Male, noch lange Zeit danach, mit den Augen verspeist und immer wieder verinnerlicht habe. Ein Satz, der mir keine Ruhe mehr gelassen hat. Ein Satz, der die Leidenschaft nach Gummi in mir nicht geweckt hat, denn diese war, wenn auch unklar, undefiniert, schon lange da, aber der die Glutnester auflodern ließ zu einem Feuer, dessen Flammen bis hin zur Begierde züngelten um diese zu entfachen, und mit einer Mächtigkeit ergreifen sollten, auf dass es ein Leben lang brennen würde. Nur ein Satz. Und so viele Fragen.

„…zur sexuellen Erregung Gummianzüge überstreifen…“. Was für eine Aussage! Welch ein Bild. Ein Bild, welches nur bruchstückhaft mir erschien. Ich hätte es zu gerne vollständig betrachtet, es ganz verstanden, mich daran unendlich erfreut, mich daran ergötzt und es vielleicht gar verändert, erneuert, angepasst, auf mich personalisiert – meine Phantasie jedoch war zu jener Zeit überhaupt noch nicht in der Lage, dieses Bild für mich zu zeichnen.

Damals, bis just zu jenem Moment, war ich mir nicht sicher, ob es auf der Welt noch jemand geben könnte, der sich für das Material Gummi in Form von Kleidung interessieren könnte. Wenn ja, dann würde derjenige doch niemals darüber sprechen (wo und mit wem sollte das möglich sein, außerdem war da noch die unsagbare Scham, ja, man hat noch kein wirkliches Wissen über etwas, nur eine verschwommene Ahnung, ein tief in sich spürbares, nicht zu erklärendes Gefühl, die Scham aber ist schon da. Sie ist schon vorhanden, ohne dass jemand ob diesem Umstand mit dem Finger schon mal du-du gemacht hätte. Und die Angst, ja diese Angst davor, entdeckt zu werden, erkannt, entlarvt zu werden, als hätte man sich mit dem Untergang der Menschheit befasst. Ein schlechtes Gewissen von unheimlicher Art war in mir allgegenwärtig.

Es hat sofort Besitz von mir ergriffen, obwohl die betreffende Sache selbst - da überhaupt noch nicht verstanden und bewertbar - als etwas Schlechtes, Verbotenes, Ungehöriges, Perverses - einzuordnen gewesen war) genauso wenig wie ich selbst, der ich zwar schon damals kein zurückhaltender oder gar introvertierter Typ war, was aber natürlich nicht bei diesem

Thema zutraf. Hier aber stand es sogar geschrieben! Ich konnte es lesen, dieses wunderbare Wort mit dem doppelten „m" hinter dem „Gu". Das Wort, welches noch immer, trotz so langer Zeit, eine magische Wirkung auf mich ausübt, in mir immer wieder ein hervorragend positives Gefühl auslöst, dass
nach wie vor ein Katalysator für mein Wohlbefinden ist. Gummi ist nicht nur ein Material, bezeichnet und geschrieben mit fünf Buchstaben, es ist ein Code für das Erlangen von einzigartigen Gefühlen. Es ist die Musik, welche die Freude zum Tanz in den Morgen auffordert; es ist der Wind, der in die matte Glut bläst, um augenblicklich die Flammen der Lust hochschlagen zu lassen; es ist die weiche, warme Hand, die die Haut mit wohliger Zärtlichkeit verwöhnt; es ist die umfänglichste Umarmung des Körpers von Stoff gewordenen Emotionen. Es ist das Material, aus dem wohl meine DNA besteht.
Woher wussten „die" das. „Denen", die das aufgeschrieben hatten, musste doch jemand von seinem unnormalen Verlangen erzählt haben. Aber wer, bitte schön, sollte so etwas freiwillig preisgeben? Wer outet sich ohne Not? Wer erzählt der Öffentlichkeit etwas über seine persönlichsten Verhaltensweisen, über sein intimes Verhalten, ein intimes Verlangen, das zumindest fragwürdig, wenn nicht gar unnormal oder sogar strafbar sein könnte, was, sich selbst einzugestehen, schon schwer genug sein dürfte?
Oder sollte diese Aussage etwa unter Zwang entstanden sein? Das glaubte ich denn nun auch nicht. Oder aber es kam zu den Äußerungen während einer Behandlung, einer ärztlichen Behandlung eines sexuell krankhaft veranlagten Patienten? Wahrscheinlich in einer Psychiatrie. Das wäre möglich. Und unnormal musste es sein, sich „ zur sexuellen Erregung Gummianzüge überzustreifen...", (was für ein Satz, welch eine

Aussage!) denn dies stand in besagtem kleinen Büchlein unter der Rubrik „Deviationen der Sexualität…“. Von da ist es nicht weit bis zum Verrückt sein oder zum Verbrechen. Mindestens aber liegt es im Bereich des nicht zu verstehenden, des unangenehmen, des krankhaften. Trotzdem war diese Erkenntnis, dass es noch andere „von dieser Sorte“ gibt, eine Befreiung.

Ich habe mir zu jener Zeit aus Scham nur im dunklen Zimmer getraut, an solche Dinge zu denken. Und selbst da war noch ein Schamgefühl mir selbst gegenüber dominierend. Über meine sexuellen Obsessionen mit jemandem zu sprechen wäre völlig unmöglich gewesen, undenkbar. Aber warum sollte das ein anderer Mensch, riskieren, fremden Leuten von seiner Art und Weise, Sexualität zu empfinden, zu erzählen und dieses gar niederzuschreiben? Das war mir rätselhaft und zugleich machte mir diese Tatsache Angst. Natürlich beschäftigte mich vordringlich der Gedanke, wie sich mein Verhältnis zu diesem Etwas auf ein von mir gewünschtes Verhältnis zu einer Frau auswirken würde.

Selbstverständlich müsste ich das verheimlichen. Nicht nur wegen der blitzartigen Flucht, welche die in meiner Vorstellung existierende Weiblichkeit unter Garantie – wahrscheinlich gar noch unter Zugabe von lautem Geschrei – antreten würde, sondern gleichsam wegen der Furcht, dass eben genau dieses Fräulein, diese meine

Eigen- bzw. Abart unverzüglich zum Gesprächsthema unter all ihren Bekannten wie auch unter den meinen erheben würde.

Doch war dieser unerklärliche Vorgang nicht nur angsteinflößend, sondern gleichzeitig in geheimnisvoller Weise

In meinem persönlichen Konzert der Emotionen löst das Fehlen von Gummikleidung und Fesseln Dissonanzen aus.

Hoffnung erzeugend und in unheimlicher Art   aufreizend. Die
Hoffnung bestand in der Vorstellung, dass vielleicht doch ein,
wenn auch geheimer Weg dahin führt, wo meine Vorstellungen
vom Leben mit Gummi Wirklichkeit werden könnten, wo viele
Menschen sich begegnen können, die sich alle gleichsam durch
dieses Geheimnis verbunden fühlen.
Doch noch mehr nahm jener Satz von mir Besitz, welcher das „
Anziehen von Gummianzügen" zur Aussage machte. Wenn du
als noch am Anfang stehender, aber ganz klar natürlich
programmierter Gummiliebhaber diese Worte liest, dann flippst
du aus! Diese Worte beinhalten eine mir bis dahin völlig irreale
Tatsache: Es existieren   Gummianzüge!   Was für eine
Erkenntnis. Welch eine Vorstellung. Welch eine Freude! Für
mich damals war dieser Umstand tatsächlich völlig unvorstellbar.
Allein das gedruckte Wort „Gummianzüge" erzeugte in mir
schon eine sexuelle Erregung. Ich vibrierte regelrecht, ich war
gierig auf das, was mich noch erwarten sollte, obgleich ich
keinerlei Plan hatte, wie ich jemals in den Besitz eines derartigen,
unentbehrlichen Teiles hätte gelangen können. Es gab
tatsächlich Gummianzüge!
Diese Anzüge konnten doch nur für andere Zwecke bestimmt
gewesen sein, jedenfalls nicht für solche eigenartigen, welche mir
vorschwebten. Ein   Gummifetischist mochte den eigentlichen
Zweck dieser Kleidungsstücke für sich entfremdet haben, für
seine ganz persönlichen, seine eigenartig anmutenden intimen
Zwecke. Zu jener Zeit war ich ohne jegliche Vorstellung
darüber, dass ein regelrechtes Gewerbe existierte (allerdings in
einer anderen Welt), und dies aus dem Grund , um genau solche
Sachen zum Anziehen in allen erdenklichen und ebenso
unfassbaren Ausführungen herzustellen – eben weil es dafür
eine entsprechende Nachfrage für diesen speziellen Zweck gab:
Gummianzüge, die ausschließlich zur sexuellen Stimulierung
angeboten wurden - nicht solche, die ersatzweise, aus einer
Notlage, sprich Mangelerscheinung heraus zweckentfremdet

benutzt werden mussten, um für die sexuelle Stimulierung
herzuhalten. Und es gab Menschen, die sich diese Anzüge
kauften, um sie sich überzuziehen, weil sie sich mit deren Hilfe
sexuell erregen und befriedigen konnten. Dieser Fakt war für
mich als jungen, wirklich noch unschuldigen Menschen, lebend
in einem Land, welches den Mangel regelrecht auf seine Fahnen
geschrieben hatte, eine irreale Vorstellung.
Nun begann ich zu hoffen. Ich wollte es unbedingt einmal
besitzen, ich musste es besitzen, ein Kleidungsstück aus Gummi,
eines, welches den ganzen Körper umschließt, umspült, erobert,
besetzt, erwärmt, kühlt, vereinnahmt und nicht mehr frei lässt.
Dieser Wunsch war von nun an unabänderlich.
Bis dato improvisierte ich diese Empfindungen zum Teil
imaginär, die Realität gönnte mir nur paar Gummischürzen,
die ich mir um den Körper wickelte und an mehreren Stellen
mit Riemen verschnürte, damit sie so viel Haut wie irgend
möglich berührten; mehrere Paare verschiedener
Gummihandschuhe und, nur in spärlicher Auswahl erhältlich,
Badekappen. Was dagegen ist so ein kompletter Anzug mit
Körperform, einem Schnitt, wodurch annähernd jede Stelle des
Körpers - der Haut -erreicht und bedeckt wird, um den Gummi
rund um den gesamten Körper zu spüren, darin zu versinken, zu
baden.
Welch ein Gefühl muss das sein! Die ganze Körperoberfläche,

*Wenn du begriffen hast, dass Gummi der Stoff ist, in dem deine Träume
gebettet sein möchten, dann ergreife die dir gereichte gummierte Hand,
drücke sie und halte sie fest, genau so intensiv, wie du dich an deinem
Wesen festhältst.*

die gesamte Haut von einer weichen, warmen – oder auch
kühlen – glatten und absolut dichten Gummihaut überspannt.
Welch eine Assoziation der beiden Wörter „Gummi" und
„anziehen". Wenn dich so etwas schon erregt, dann bist du noch

ganz am Anfang fetischistischen Genießens, was durchaus seine Vorteile hat, weil diese Bedürfnisse noch leicht zu befriedigen sind.

Du bist noch nicht verwöhnt, wirst mit Eindrücken nicht überhäuft, so dass du noch nicht gesättigt, übersäuert bist. Dein Einfallsreichtum wird voll gefordert. Diese auf Mangel begründete Bescheidenheit hat, wenngleich wohl jeder Mensch mit einem Zustand auf niedrigem Niveau sich einvernehmlich nur kurze Dauer zufrieden geben möchte, als ausgleichendes Moment einen proportional größeren Anteil an der von eigenen Phantasien beeinflussbaren Abläufe, welche die gesamte Ebene des Erlebens, der sexuellen Reize und letztendlich des befriedigenden Zustandes beinhalten, als es oft die aufwändigsten, mit allen möglichen Utensilien übersättigten Inszenierungen vermögen. Es ist wie bei jeder anderen Sucht, wie bei jeder süßen Verführung: es möchte mehr und mehr werden, die Mengen, die Sorten, die Art und Weise, eben alles, was der Körper gerne will, von dem er glaubt, es unbedingt bekommen zu müssen - um satt zu werden. Es bedarf immer größerer Portionen, alles erfährt eine Überhöhung, wobei die erhoffte - die beinahe schon gierig erwartete - Befriedigung durchaus ausbleiben - ja, sich sogar ins Gegenteil verkehren kann.

Und je öfter man diese Parameter steigert, desto schneller sind sie verschlissen und sollen wiederum durch scheinbar gesteigertes Niveau ersetzt werden. Ab einem gewissen oder ungewissen Punkt bringt sich das chinesische Sprichwort „weniger ist mehr" in Erinnerung, um daraus korrigierend zu schließen, dass man nicht genau so elend enden möchte wie das alte Paar aus der Sage „der Fischer und seine Frau".

Aber ich war, wie eben erwähnt, noch ganz am Anfang meiner Entdeckungs- und Erlebnisreise im Land des Gummifetischismus. Hier zeigte die Richtung – wohin sonst?- ganz eindeutig nach vorn. Und wer bitte hätte meiner triebhaften Veranlagung Bescheidenheit auferlegen sollen? Ich mir selbst bestimmt nicht. Dem Kind zu raten, nie wieder Schokolade zu naschen, dürfte noch erfolgloser sein als die Aufforderung, bloß nicht an den Heißen Ofen zu greifen.

Wo aber sollte es Gummianzüge oder Kleidungsstücke aus Gummi – wie in diesem Buch gelesen - überhaupt geben? Wer, um Himmels Willen, geht zu wem – ja, zu wem eigentlich, das ist die entscheidende wie auch bange Frage - und verlangt einen Gummianzug? Und wofür? Ich möchte bitte einen Gummianzug für mich, zur sexuellen Stimulierung, um mich zu erregen und zu befriedigen... - wer sollte so etwas fertig bringen? In diesem Zusammenhang erinnere ich mich an einen typischen Vorfall aus meinen Jugendtagen, also drei bis vier Jahre später, als die eben geschilderte literarische Entdeckung stattgefunden hatte: Ich ging in meiner kleinen Provinzstadt an einem Schaufenster vorbei, welches für ein Geschäft, in dem Berufsbekleidung und allerlei technische Artikel verkauft wurden. Darin lag ein Paar kurze, rote, leicht glänzende Gummihandschuhe. So etwas hatte ich in der Art noch nie gesehen. Sofort war ich in diese Handschuhe verliebt (ähnlich, wie sich eine Frau in ein Paar neuer Schuhe verliebt – was

Wenn man sich in seiner eigenen Haut nicht recht wohl fühlt, kann man sich jederzeit eine gute Zeit in der zweiten Haut gönnen. Denn aus seiner Haut fahren ist letztendlich unmöglich, in eine zweite Haut zu schlüpfen hingegen sehr einfach und außerordentlich angenehm.

durchaus täglich geschehen kann, allerdings unter anderen Vorzeichen) und ging entschlossen durch die Ladentür, um dieses Kleinod, das zu meiner sexuellen Erregung durchaus dienlich sein mochte – nicht etwa zum Schutz der Hände – zu erwerben. Ich drückte meinen Wunsch anscheinend etwas zu allgemein aus, indem ich „ein Paar Gummihandschuhe" verlangte, denn prompt fragte der Inhaber zurück, wofür ich

denn diese bräuchte. Ich war mit einem Schlag total verdattert. Diese Frage kam auf eine Art und Weise, als hätte der Inhaber des Geschäftes eben in meine Rübe geschaut, um dort den von mir beabsichtigten, in diesem Sinne abwegigen Verwendungszweck dieser roten Gummihandschuhe wie in einem aufgeschlagenem Buch zu lesen. Ich starrte ihn nur an, bereute sogleich, diesen Laden betreten zu haben, befürchtete, dass er mich sofort auch noch vor den anderen Leuten im Geschäft bloßstellen würde. Nach meinem Empfinden waren diese ohnehin schon hellhörig geworden und nun feststellten, dass sich ein kleiner Schmutzfink unter ihnen befand.
Bei unerfahrenen Gummiliebhabern verhält es sich nicht anders, als bei unerfahrenen - oder auch erfahrenen – Alkoholikern. Wenn diese in den Supermarkt gehen, dort vier Flaschen Bier kaufen, eine Flasche Schnaps und dazu eine Tube Zahnpasta oder eine Beutelsuppe, also etwas „Neutrales", Unverfängliches dazu kaufen (weswegen sie eigentlich überhaupt nur gekommen sind, der Alkohol ist rein zufällig in den Einkaufskorb gelangt), dann deshalb, um vom Eigentlichen abzulenken. Ich hatte zwar das Objekt der Begierde direkt verlangt, jedoch unter dem angeblichen Vorsatz, ein paar Handschuhe zum Schutz der Hände vor Schmutz, Farbe oder ähnlichem zu erwerben. Dass unter diesem Zeichen die völlig überflüssige Frage nach dem „wofür" auftauchte, musste für mich heißen, dass der Ladenbesitzer mich bereits durchschaut hatte. Dass er die Frage deswegen gestellt hatte, weil es um die Bewertung der Resistenz des entsprechenden Materials gegenüber bestimmter Chemikalien ging, konnte ich über eine lange Sekunde hinweg nicht erkennen. Und so sah ich mich schlagartig als gerade entdeckter und als pervers verschriener schräger Vogel, der sich nie wieder in der Stadt seiner Kindheit würde sehen lassen können. Und auch alle anderen würden davon erfahren und nur noch mit den Fingern auf mich zeigen. Aber nein. Ich war in keinem Laden für erotische Artikel, in dem der Verkäufer fragte,

wie lange die Handschuhe denn sein sollten, etwa bis über die Ellenbogen oder bis unter die Achseln; möchten Sie hauchdünnes Latex oder dicken Gummi; wollen sie gleich noch eine passende Maske dazu probieren …, nein, solche Geschäfte hat es doch weit und breit gar nicht gegeben, es gab sie nur in Wunschträumen und in fernen Ländern. Und ob der Verkäufer überhaupt wusste, was ein Gummifetischist ist, ob er im überhaupt einen Draht zu irgendwelchen sexuellen Abweichungen hatte oder ob er etwa selbst ein bekennender Liebhaber von Gummikleidung war…, wer hätte das schon wissen können. Aber wenn man solch eine Veranlagung, als junger, unerfahrener Mensch, mit sich herumträgt, schleppt man gleichzeitig ein schlechtes Gewissen mit durch die Welt und verfällt dem bitteren Glauben, dass jeder, der dich trifft oder dich ansieht, sofort merkt, was in dir vorgeht und was für ein perverser Mensch du bist. Als wäre untrennbar mit der Einpflanzung einer sexuellen Deviation die Beigabe eines Schuldgefühls impliziert, welches außerdem immer und für jeden sichtbar ist.

Ein geknebelter Mund kann Bände sprechen.

Ganzkörperanzug

Der Kokon nennt es sein Eigen,
was raschelnd er zu sagen pflegt.
Beim Bewegen nicht zu schweigen,
in einer Tonart, die erregt.

Gerüche von besond'rer Note,
erfüllen dieses Domizil.
Als des Fetischs duftend Bote
zum Durchatmen verleiten will.

Eine glatt - weiche Verführung
in einem wohl bemess`nen Haus.
in dieser Körper - Vollgummierung,
ruhen Geist und Seele aus.

Taktiler Reiz dabei sich weidet,
wenn Haut den glatten Gummi spürt.
In Harmonie der Körper gleitet –
süchtig wird, wer es probiert.

Er hatte Angst sich zu blamieren, -
sollte er sie wirklich bitten,
von Kopf bis Fuß sich zu gummieren -
entgegen sonst gewohnter Sitten?

Unvorstellbar wär' ihr Schmachten;
wahrscheinlicher doch jene Art,
den Perversen zu verachten,
der in Gummi sich nur paart.

Doch Möglichkeiten gibt es viele,
was zu zwei'n man machen kann.
Dazu gehören Fesselspiele –
Mann mit Frau und Frau mit Mann.

Sollte, was kaum zu erwarten,
sie beides wollen – dazu mit Liebe,
es wäre wie im Eden – Garten,
ein Rosenbeet für meine Triebe.

Die Frage aber – um zu den damals gelesenen, aufregenden
Zeilen zurückzukehren - die mir den größten Kummer bereitete
und die für mich vorerst unbeantwortet bleiben sollte, lautete:

Wo bekomme **ich für mich** so ein Teil her? Dass ich so etwas unbedingt haben musste, gerade jetzt, da mir die Existenz dieser mich unbändig reizenden Kleidungsstücke bestätigt worden war, galt von nun an als vorrangiges, unwiderrufliches Ziel. Ich sollte noch lange Zeit warten müssen, bis diese meine Sehnsüchte gestillt werden durften.

Erst einige Jahre später wurde mir das Vergnügen zuteil, zu erfahren, dass es in anderen Ländern der Welt so etwas tatsächlich gab, nicht nur solche Kleidungsstücke aus PVC, aus verschiedenen Folien oder aus gummierten Stoffen, die entweder für den Arbeitsschutz gedacht waren oder solche, welche die Streitkräfte für chemische oder atomare Angriffe in ihren Effektenkammern lagerten bzw. – für den sofortigen Einsatz - auf den Spinden der Soldaten bereit lagen.

Aber diese Jacken, Hosen, Handschuhe, Strümpfe, Mäntel, Anzüge, Masken, Hemden, Capes, Mäntel und manches mehr, waren eben genau solche Kleidungsstücke - was doch schon erregend für sich war - die ausschließlich für die sexuelle Stimulierung angefertigt und verkauft wurden, nur für die Bereicherung eines erotischen Erlebens, das eine ganz spezielle Auswahl von Menschen auszuleben gewillt ist - ich bin geneigt zu sagen: auszuleben gezwungen ist, gezwungen nicht etwa von einer anderen Person oder durch gesellschaftlich begründeten Forderungen, vielmehr durch einen eigenen, einen innewohnenden Zwang, welcher jedoch, einem Zwang in herkömmlichem Sinne nicht vergleichbar sein dürfte, einer, der freundlich als wohlschmeckender, berauschender Wein denn als bittere Magentropfen daher kommt – und somit, durch die Handwerkskunst eines eigensinnigen Gewerkes, in sagenhafter Vielfalt und unvorstellbaren Varianten angefertigt – im wahrsten Sinne des Wortes - befriedigt werden kann.

Allein diese Erkenntnis hatte einen nahezu unglaublichen erotischen Zauber. Dieser Umstand war wunderbar für jene, welche nach Lust und Verlangen danach Gebrauch machen konnten, aber traurig für mich, der immerhin davon wusste, aber leider keinen Zugang zu diesen unabdingbaren Kleidungsstücken hatte.

Gemäß dem Sprichwort: „was ich nicht weiß, macht mich nicht heiß", welches in

diesem Falle in genau umgekehrter Weise gelten sollte, darf man also davon ausgehen, dass um mein Gemüt ein sehr heißes Klima sich entwickelte, welches dringend reguliert werden musste.

Von den verschiedenen Arten dieses Materials, beginnend bei Reingummi und Latex in unterschiedlichen Stärken und Farben, von der Vielfalt der Möglichkeiten in Schnitt und Ausführung,

den Vorzügen oder Nachteilen von getauchter Gummiwäsche gegenüber geklebter oder genähter Kleidung, der unglaublichen Glätte von chloriertem Latex, hatte ich damals kaum eine Vorstellung, hingegen ein unendliches Verlangen.

Soweit, so gut - allerdings, und das stimmte mich doch etwas traurig, wurde diese, gerade diese wunderschöne, mich betreffende, „Leidenschaft" in eben jenem Büchlein in einem Abschnitt erwähnt, in dem „Deviationen der Sexualität" behandelt wurden, ein etwas harmloser klingender Ausdruck für sexuelle Abweichungen oder — wie im Volksmund am häufigsten benutzt — Perversionen.

Der erzeugte Klang dieser Überschrift setzte auf der Tonleiter der menschlichen Verhaltensweisen knapp unter der Grenze zur Kriminalität ein, oder auch in Richtung Psychiatrie.

Schon deshalb galt es, diese unnormale Veranlagung, diesen innewohnenden perversen Teufel zu verstecken und jedes darauf deutende Objekt, jegliche in diese Richtung weisenden Gedanken, unbedingt geheim zu halten. Ansonsten, sollte doch irgendwo irgendjemand etwas davon spitz kriegen, steckten sie dich vielleicht noch in eine Anstalt - musste ich, auf Grund dieser Zeilen, mutmaßen.

Das Erlebnis Gummi in die Tat umzusetzen, war also den Umständen entsprechend für mich nicht einfach zu verwirklichen, wie es mir genehm gewesen wäre, so, wie es unter anderen Gegebenheiten betreffs des käuflichen Erwerbens leicht zu realisieren gewesen wäre. Das Gummi - fetischistische Erlebnis beschränkte sich weitgehend auf die derzeit handelsüblichen rotbraunen Gummischürzen aus Reingummi - die allerdings nur als Gebrauchsgegenstand, als Schutz vor Nässe beispielsweise beim Wäsche waschen, hergestellt wurden, aber nicht etwa den verdrehten Gelüsten sexuell schräg veranlagter Personen als aufreizendes Accessoire dienen sollten.

Gummi ist weiblich. Es ist glatt, es ist weich, es sieht gut aus, es fühlt sich gut an. Nur die Weiblichkeit sieht das anders.

Einmal erstand ich sogar eine solche Schürze in der Farbe Schwarz, was eine seltene, jedoch geile Abwechslung war, – den aus gleichem Material gefertigten Betteinlagen, welche, wie eben die Schürzen in der Firma „Rotpunkt Zeulenroda" gefertigt wurden, und nur im Schnitt etwas anders waren als die Schürzen, das heißt, sie waren in Rechteckform gehalten, bei unterschiedlichen Maßen, so etwa um einen Quadratmeter in der Fläche; - einer kleinen Auswahl an Gummihandschuhen und Badekappen, die allerdings aus weicherem und elastischerem Latex hergestellt waren.
Das Equipment war somit bescheiden, den jedoch nicht unerheblichen Rest an Fehlendem versuchte die immer neu angefachte Phantasie auszugleichen, und sie hatte - nicht dass man das jetzt inzwischen Erworbene in Sachen Gummikleidung missen möchte – den bestehenden Mangel in ersetzender Weise doch recht gut kompensiert.
„ … Menschen, die sich zur sexuellen Erregung Gummianzüge überstreifen…" – diese ergreifende Aussage als Realität selbst zu erleben, einen echten, nach meinen Körpermaßen angefertigten

Gummianzug erwerben und danach überstreifen zu können, sollte, als ich diese Zeilen das erste Mal aufgesogen hatte, leider, wie bereits erwähnt, noch einige Jahre dauern. Mein wissentlich erster Kontakt zu diesem Material, welches mich mein gesamtes weiteres Leben begleiten sollte, war im frühen Kindesalter, das mir genau zu benennen nicht möglich ist

Vielleicht war ich drei, vielleicht vier oder auch fünf Jahre jung. Ich weiß es nicht mehr. Aber das Bild habe ich immer noch genau vor Augen, wie ich aus der Kommode, welche im Schlafzimmer meiner Eltern, genau wie mein Kinderbett, stand, einen rotbraunen Gummiflecken nahm, welcher normalerweise als Unterlage beim Wickeln von Kleinkindern oder als Betteinlage im Kinderbett zu dienen hatte. Diese Unterlage, welche die Abmessungen von etwa Siebzig Zentimeter mal einen Meter hatte, breitete ich auf dem Fußboden aus und legte mich bäuchlings darauf, um mich mit dem entblößten Unterleib daran zu reiben. Wieso ich dies tat, aus welchem Antrieb heraus, ist mir bis heute ein Rätsel geblieben.

Diese Handlung lief, so ich mich heute daran erinnern kann, fast automatisch, ja, wie von fremder Hand gesteuert, ab, beinahe mit einem Automatismus, gleichsam, als wenn das Neugeborene nach dem Klaps auf den Po zu schreien anfängt. Bereits bei diesem ersten, mir tatsächlich bewusst gewordenem Kontakt mit dem Material Gummi schien die gleiche Macht mich in ihren Besitz genommen zu haben, wie es in gleicher Art und Weise noch heute geschieht.

Sollte ich es Zwang nennen, der mein Tun und Denken bestimmte, so muss ich von einem sehr angenehmen Zwang, richtiger vielleicht von Lust sprechen, welche sich damals wie heute über rationale Gedanken – welche zu genanntem Zeitpunkt sicher noch nicht vorhanden waren – hinwegsetzt und ganz allein sich der Befehlsgewalt über mich bemächtigt.

Diese Handlung des Reibens an dem Gummilaken dauerte nicht lange, auch hatte ich Angst, bei diesem Tun entdeckt oder von den Eltern „erwischt" zu werden, so, als wenn ich mir sicher war, dass mein Verhalten in einer bestimmten Weise nicht erlaubt sein könnte. Was mich zu dieser Berührung der Decke aus mittelmäßig glattem Gummi bewogen hatte, kann ich mir nicht erklären, weiß aber noch genau, dass die kurze Phase der Reibung eine äußerst angenehme war. In welcher Form das damals für mich „angenehm" war, weiß ich heute auch nicht mehr zu sagen, aber **dass** es angenehm war, ist mir noch heute, um es zu wiederholen, gewiss.

Ich verspüre Lust, mit meinem Körper einen Gummianzug auszufüllen.

(Melodie vom Lied von Wencke Myhre : Er hat ein knallrotes Gummiboot)

Sie trägt ein Knall- rotes Gummikleid

Sie trägt ein Knall- rotes Gummikleid,
mit diesem Gummikleid geht sie hinaus.
Sie trägt ein Knall - rotes Gummikleid
und dieses Gummikleid zieht sie niemals aus.

Und Stiefel, ganz hohe, die trägt sie dazu
Die Taille gegürtet, oh fein
Und wenn man sie anschaut ist es aus mit der Ruh –
Der Grund dafür kann sein:

Sie trägt ein Knall rotes Gummikleid
Mit diesem Gummikleid steht sie vor mir
Sie trägt ein Knall rotes Gummikleid
Weil es mein Fetisch ist
Dank ich ihr dafür

Solch einfache Art der Berührung mit diesem einem Stück Gummi sollte mich noch eine geraume Zeit beschäftigen, so dass ich mich etwa zwei, drei Jahre auf dem gleichen, sehr niedrigen Niveau des Spiels mit Gummi in Verbindung mit den entsprechenden Phantasiebildern bewegt habe.

Die einzige, aber sehr angenehme Abwechslung oder auch Kombination, waren Gummihandschuhe in größeren Mengen, welche sich - oh Glück - in einer Schublade der Kommode meiner Großmutter, die mit im gleichen Haus wohnte, befanden und die aus einem so herrlich weichem Latex gefertigt waren, dass sich ihr Geruch bis heute in meiner Nase erhalten hat. Das waren gelblich transparente OP – Handschuhe vom benachbarten Krankenhaus, der Gummi war extrem glatt und hoch elastisch. Ein Material von einer Qualität und einer Optik, welches das Prädikat „Gummi für die Leidenschaft" verdiente. Obgleich mir diese Handschuhe viel zu groß waren, fuhr ich mit Wonne in sie hinein und fand es durchaus erregend, zwei oder drei Stück übereinander zu ziehen.

Als ich dann eine gewisse Eigenständigkeit erlangt hatte, es könnte in einem Alter von neun oder zehn Jahren begonnen haben, suchte ich ab und zu das örtliche Orthopädie Geschäft in der Kleinstadt auf, um darin die sogenannten Haushalts -

Gummischürzen zu erwerben, die mir bei einem Stadtbummel, im Schaufenster liegend, sofort ins Auge gestochen waren. Das waren immerhin Kleidungsstücke aus echtem Gummi, welche es in anderer Art und Weise für den Normalbürger nun wirklich nicht zu kaufen gab. Genauer gesagt waren diese Schürzen aus Reingummi gefertigt, also die linke Seite gleich der rechten, allerdings nicht übermäßig glatt, wie es bei Latex der Fall ist – dafür eben beidseitig – in einem rotbraunen Farbton, der hin und wieder leicht variieren konnte und somit für eine willkommene Abwechslung in meiner Schürzensammlung sorgte, nicht zu vergessen das eine Stück, welches – wie auch immer zu Stande gekommen – aus schwarzem Gummi bestand. Die Schürzen waren jeweils mit vier Löchern versehen, die durch Metallringe verstärkt waren, welche zum Befestigen beziehungsweise zum Durchziehen der beiden zum umbinden notwendigen Bänder dienten. Diese waren leider nicht aus Gummi sondern aus Stoff. Diese Schürzen hatten einen ganz spezifischen, für mich äußerst angenehm erscheinenden Geruch, welcher dem Aussehen dieser Haut entsprach. Dieser Anblick war jedes Mal von besonderem Reiz. Die Farbe des Materials ließ sich nur abgeschwächt wahrnehmen, da beim Zusammenlegen mit Talkum offensichtlich nicht gespart worden war, was die optische Erscheinung des zu einem relativ kleinen Paket zusammengelegten Gummis keineswegs negativ beeinflusste. Zum Schluss, wenn ich dann mit zittriger Hand bezahlt hatte und so schnell wie möglich den Laden verlassen wollte, nahm ich, indem ich das Paket mit der Hand ergriff, noch freudige Kenntnis vom relativ hohen Gewicht des doch kleinen Teils, was sich, wie all die anderen Eigenheiten dieses Teiles aus Gummi, in wohlwollender Weise in eine Reihe des mir angenehm Erscheinenden einordnete.
Diese Besuche in dem kleinen Laden, zu welchen ich mich relativ oft begab, waren mir – ähnlich dem oben beschriebenen alkoholkranken Menschen – ziemlich peinlich. Vor allem dann,

wenn die ältere Frau, die Inhaberin des Ladens, hinter der Theke
stand, was fast immer der Fall war, glaubte ich in ihrem Gesicht
lesen zu können: „Was will dieser Zwerg alle paar Wochen
mit einer neuen Gummischürze".
Dabei bediente sie sich haargenau der gleichen Gestik wie „Frau

*Er demaskiert sich, indem er die Gasmaske überzieht, zugleich zeigt er
jetzt sein wahres Gesicht.*

Holle", die in dem gleichnamigen Märchen, welches jedes Jahr
aufs neue im Fernsehen gezeigt wurde, immer so hochgescheit
und allwissend geglotzt hat (richtiger gesagt: zugeschaut hat, wie
die Gold- und danach die Pech - Marie die ihnen übertragenen
Aufgaben zu erledigen sich bemühten – oder auch nicht
bemühten), so dass jeder sofort im klaren war, diese unheimliche
Alte weiß über alles Bescheid. Ich war mir in dem Moment, da
sie mich so durchdringend anblickte, mich regelrecht löcherte, ja
fast hypnotisierte, sicher, dass diese Frau Holle aus dem
Orthopädiegeschäft   beim   Herabschauen   vom   Himmel
beobachtet hatte, wie ich Zuhause, in heimlichster Art und
Weise, die bei ihr erstandenen Gummischürzen mir umgehängt,
angezogen, und mit denselben mich darnieder auf das Bett
gelegt hatte, um mich bäuchlings daran zu reiben - und wer weiß
was sonst noch; ich war durchschaut!
Als Folge dieser bei ihrem Anblick mich regelrecht
bedrängenden Gedanken kann ich mir gut vorstellen, dass eine
Rötung meiner Gesichtsfarbe einsetzte, was die Alte   sofort
bemerkt haben mochte, was mir zu allem Überfluss auch noch
ein unsicheres Auftreten einbrachte, das sich bis zum Stottern
beim Sprechen steigerte. Niemals wäre ich mit   meinen
trockenen Lippen zum Formen des Wort „Gummischürze" in
der Lage gewesen, bei dieser Person am allerwenigsten. Ich
verlangte stattdessen brav „so eine Haushaltsschürze", also
gerade so gelangweilt, als hätte ich uninteressiert, unbeeindruckt,

ja gelangweilt irgend so ein „Ding" zu kaufen gesucht, was ich natürlich von meiner Mutter hatte aufgetragen bekommen, da solcherlei Klimbim ohnehin nur von Waschweibern und Hausfrauen benutzt würde.

Durch diese Weise wurde jeder meiner Einkäufe bei Frau Holle für mich, den sexuell abwegig sich entwickelnden Jungen aus der Provinz, ein Gang nach Canossa der besonderen Art.

Mein angebliches Hauptziel des Einkaufes – hier zeigt sich wieder eine Parallele zum Verhalten des Alkoholsüchtigen – war, vorrangig und fast selbstverständlich ein Päckchen Wundpflaster und eventuell noch eine Dose Handcreme zu erstehen. Das hatte den einfachen Grund, meine zittrige Sprache etwas auf Temperatur zu bringen, um sie von Wort zu Wort mehr und mehr zu festigen, und vor allem der Nebensächlichkeit wegen, dass ich zum Schluss, ganz nebenbei und gelangweilt – fast hätte ich es doch vergessen – noch diese, äh, wie hieß das doch gleich?, äh, so eine Haushaltsschürze, ja genau, zu erwähnen gedachte, die ich, natürlich und ausschließlich für die Mutter dringend mitbringen sollte.

Mit solchen und ähnlichen taktischen Tricks befasste ich mich bei jedem meiner Einkäufe dieser Art, einerseits, um mich auf den peinlichen Akt einzustimmen und ihn fest und standhaft über die Runden zu bringen – was mir jedoch nicht ein einziges Mal gelungen ist – und außerdem, befeuert durch mein permanent vorhandenes schlechtes Gewissen, das darauf gründete, weil ich es doch gelesen hatte, dass mein Verhalten nicht normal ist, das ist nicht das, was alle tun, das ist …. p e r v e r s.

Heute mag ich an manche meiner skurrilen Verhaltensweisen von damals selbst nicht mehr recht glauben. All das lächerliche Tun wurde in der selben Angst und Peinlichkeit geboren, welche, anscheinend untrennbar verbunden wie siamesische Zwillinge, in gleicher, unbewusster Art und Weise, zusammen mit meinem Hang zum Gummi, mir implantiert worden waren, um mir verständlich zu machen, dass derjenige, der das eine möchte das andere zu mögen hat, was heißt: Wenn das Verlangen nach außergewöhnlichen, die sexuellen Reize stimulierenden Kleidungsstücke sowie der Drang nach abnormen Praktiken beim Liebesspiel unabdingbar sind, dann – und das mit erhobenem Zeigefinger – bitteschön nur unter strengster Geheimhaltung.

Diese Spitzfindigkeiten gingen so weit, dass ich, als ich – wieder einmal – das benannte Geschäft aufsuchte, einen Einkaufszettel hervorholte, auf dem die ganzen Gegenstände, die vielen, völlig unwichtigen Sachen, die man halt notgedrungen benötigt, welche man daher vergessen würde , stünden sie nicht direkt auf einem Zettel. Je nach Befinden, was heißt, wenn die Stimme halbwegs fest war, nannte ich die – was soll das heißen? - ach ja, „Gummischürze" zuerst, dann hatte ich das Schlimmste hinter mir, oder ich zählte zuvorderst, sollte meine Stimme wieder zittrig sein, allerlei Krempel auf wie Wundpflaster, Tempotaschentücher, Heftpflaster, Handcreme, und ließ zu guter Letzt die Buchstaben, die das Wort Haushaltsschürze ergeben sollten, in erbärmlicher Akustik über meine Lippen purzeln. Dies Wort war das Äußerste, das ich mich zu sagen traute; die korrekte, tatsächliche Bezeichnung, nämlich Gummischürze oder Haushaltsgummischürze, wäre ich niemals imstande gewesen auszusprechen.

Doch selbst derartige linke Winkelzüge schienen die Chefin nicht zu beeindrucken, der Blick von Frau Holle sagte eindeutig: der ist Gummifetischist! Der braucht diese Schürzen nur für sich, für seine Gelüste, für seinen eigenartigen, unnormalen Trieb. Der steigt garantiert mit diesen Dingern ins Bett. Noch so jung und schon krank...

Leidlich zufrieden war ich in der folgenden Zeit, wenn deren Tochter im Laden stand, aber nur dann, wenn die Alte nicht dabei war. Sie, die Tochter, die recht hübsch anzuschauen war, hatte, wie zu erwarten, das Geschäft irgendwann übernommen und führt es, zusammen mit ihrem Mann, bis heute weiter.

Vielleicht lag es an ihrem jungen Alter, dass ich mir in ihrer Gegenwart nicht ganz so hilflos, so schlecht vorkam, als dies bei ihrer Mutter der Fall war, jedenfalls stierte sie mit ihrem Blick nie so unverblümt, fast unverschämt und durchdringend, vor allem aber - und das war es, was mir diese Unsicherheit bereitete - allwissend auf mich, wie jene gnadenlose alte Dame. Außerdem war sie, die Tochter, zu jener Zeit – wenn auch für mich entschieden zu alt, jedenfalls in Bezug auf unser beider jungen Jahre – um mich gerne zu wiederholen, eine wirklich hübsche Erscheinung, so dass eine gewisse „Grundsympathie" sich bei mir einstellte.

Zu dieser jungen Frau aber gesellte sich in meinem Hirn noch ein anderer, unterschwelliger Gedanke, der mich, kaum war ich nur in der Nähe dieses Ladens, immer wieder beschäftigte. Ihr damals zukünftiger und heute tatsächlicher Mann fertigte die unterschiedlichsten Gegenstände an, die in der Orthopädie als Hilfsmittel benötigt wurden, was mich zu phantasievollen Gedankenspielen dahingehend animierte, dass dies die ideale Tätigkeit sein dürfte, bei welcher alle erdenklichen zum Fesseln geeigneten Utensilien aus Leder sich möchten herstellen lassen. Bessere Voraussetzungen konnte es dafür kaum geben.

In meiner ausschweifenden Phantasie malte ich mir die schönsten Bilder, auf welchen die junge Schöne zu ihrem Freund in die Werkstatt ging, um sich von ihm, dem gleichfalls von dieser Idee Besessenen, nach ihren Maßen und ihren genauen Vorstellungen Riemen, Hand- und Fußfesseln, Halsbänder von schmal bis extra breit, alle mit Metallösen versehen, um diese an einem speziellen Gestell sicher befestigten

Wenn das letzte, passgenau getauchte Formteil übergezogen, die letzte Naht als einzig noch verbliebene Verbindung zur übrigen Welt verklebt, und schließlich alles Notwendige mit Herz und Verstand verschnürt und

zu können, anfertigen zu lassen, diese alle sich zur Anprobe anlegen ließ, um sich schließlich auf das bereit stehende Gestell schnallen zu lassen als primäre Voraussetzung für weitere erotische Spiele.

Zu gern hätte ich gewusst, ob dies eine Option deren Zusammenseins sein mochte oder ob diese von meinen, nun ja, etwas eigenartigen Obsessionen so weit entfernt war, wie ich als potentieller Freund für dieses Fräulein in Frage gekommen wäre. Ich habe es nie erfahren, es ist also alles offen. Außerdem geschieht es, glaube ich, nicht selten, dass Menschen ihren Beruf gezielt nach ihren sexuellen Vorlieben aussuchen – in der Hoffnung, dabei voll und ganz oder zumindest teilweise ihren Vorstellungen und Wünschen Reize und Befriedigung zu verschaffen.

Jedenfalls – um wieder zum Kern der Sache zurückzukehren - waren diese Schürzen neben ein paar Handschuhen die einzigen Kleidungsstücke aus Gummi, welche ich käuflich zu erwerben imstande war, wobei man hierbei, im wirtschaftspolitischen Sinne, getrost von Gummimangelwirtschaft sprechen darf (das Schönste an diesem erdachten Wort sind diese magischen drei „m", welche beinahe die Bezeichnung „Gummimantel" implizieren, ein Wort, das, sowohl geschrieben wie auch gesprochen, für mich eine Besonderheit einer Buchstabenkombination darstellt, die wallend und weit schwingend daherkommt, gleich dem bezaubernden Kleidungsstück, welches es eigentlich nur benennen soll). Eine berechtigte Frage hierzu könnte jedoch gestellt werden: Wozu besorgte ich mir so viele von diesen Gummischürzen, welche doch alle identisch waren? Wäre nicht schon eine dieser mich verführenden Dinger, normal umgebunden, für mein beabsichtigtes Reiben daran, völlig ausreichen gewesen? Nein, das war sie nicht. Eine Schürze hätte auf Dauer nicht gereicht, genau wie auch nur ein Anzug, eine Maske, ein Paar Handschuhe, ein einziger Riemen, ein Paar Handschellen und was sonst noch alles zum speziellen Sortiment meines fetischistischen Verlangens zählen sollte, niemals reichen würde. Das trifft ebenso auf unterschiedliche Macharten sowie auf die Vielfalt der Eigenschaften von einschlägigen Artikeln zu. Es kann von allem nie, niemals, genug sein.

Das könnte ein wesentliches Merkmal von Fetischisten sein, dass das Objekt der Begierde vielfach oder in vielfachen Variationen vorhanden sein muss. Es ist dies eine Form der Überhöhung, welche die Menge, die Anzahl, die Unterschiede bestimmter Kleidungsstücke aus Gummi oder aber verschiedenartigster zum Fesseln geeigneter Utensilien betrifft. Diese Gegenstände, diese Objekte der eigenen Begierde zu besitzen, stellt eine vordringliche Aufgabe eines derart gelagerten Fetischisten dar, er wird in Bezug auf diese Dinge ein regelrechter Messi.

Überhöhungen zeigen sich überdies auch bei der Vorstellung von sexuellen Handlungen, meist in völlig unrealistischen, praktisch nicht durchführbaren oder gar gefährlichen Ausmaßen, was, wie noch zu lesen sein wird, nicht ungefährlich für Leib und Leben werden kann und deswegen ein nicht zu unterschätzender Teil bei der Vorbereitung und Durchführung von erotischen Spielen ist, wenn man diese unbeschadet und mit Genuss verleben möchte, was doch der eigentliche Beweggrund dieser Handlungen sein sollte und sich damit von selbst versteht. Die Phantasie darf ohne Grenzen als erotischer Katalysator dienen, die jeweiligen Parameter jedoch müssen bei der praktischen Umsetzung unbedingt zurückgefahren werden.

Gummi streichelt die Haut, es erreicht, irgendwann, alle sensitiven Punkte der Haut, es schenkt reizvolle Geborgenheit.

Dazu jedoch später mehr. Es handelte sich im Fall mit den Gummischürzen jedenfalls mehr um praktische Gründe, weswegen ich, im Laufe der Jahre, annähernd ein Dutzend davon erstanden habe. Es gab so gut wie nichts an Gummikleidung zu kaufen, mir genügte es aber nur kurze Zeit, nur eine Schürze umzubinden, weil diese, nach meinem Empfinden, zu wenige Körperstellen berührte. Da ich nun unbedingt, ohne wenn und aber - wie heute noch - meine gesamte Hautoberfläche mit der anderen Haut in Kontakt zu bringen gewollt war, musste ich improvisieren. Das tat ich, indem ich eine Gummischürze verkehrt herum anlegte, die zweite zog ich in normaler Art vorn an, eine dritte schlang ich mir um die Füße bis über die Unterschenkel, so dass ich durch dieses Einwickeln einigermaßen vollständig von Gummi umhüllt war. Die Arme konnte ich zumindest bis an die Ellenbogen mit Handschuhen gummieren, den Kopf, bereits mit einer Badekappe versehen, verhüllte ich ebenfalls mit einer geteilten Schürze, welche am Hals mit einem Riemen oder einer Schnur verschlossen wurde. Irgendwann, als ich um die 12 Jahre alt war, erstand ich von einem Freund eine Gasmaske, die mir natürlich ein bedeutend besseres Gummigefühl für den Kopf bereitete. Desweiteren benutzte ich den Gummi einiger Schürzen, um mir andere Kleidungsstücke anzufertigen. So „schneiderte" ich mir eine Hose, die zum einen sehr schlecht passte und zum anderen nicht besonders haltbar war, weil das Material dieser Schürzen nicht die erforderliche Elastizität besaß und somit leicht zum zerreißen neigte. Zusammengeklebt hatte ich die zurechtgeschnittenen Gummiteile mit einer Lösung zum Vulkanisieren, wie sie zur Reparatur von Schläuchen z.B. für das

Heavy rubber ist schwerer Gummi. Ich liebe es jedoch diese Last zu tragen, weil sie mich in Schwerelosigkeit versetzt.

Fahrrad in einschlägigen Geschäften erhältlich war. In jener Zeit, welche noch vor dem Beginn der bewussten Masturbation lag, war es mir immer öfter ein angenehmes Gefühl, mit den wenigen Gummiutensilien, welche ich stolz mein Eigen nannte und die ich in höchstem Maße geheim aufbewahrte, um keinen in der Familie bedeuten zu können, welch schräger Vogel ich war, mich köstlich zu amüsieren. Ich mochte es, mich in beschriebener Weise ins Bett zu legen und meinen Penis an der Schürze oder an einer Unterlage aus diesem rotbraunen Gummi zu reiben. Dieser Vorgang reizte mich zunehmend und es geschah eines Tages in noch jungen Jahren, dass ich auf der Gummiunterlage einen kleinen nassen Flecken bemerkte. Dass dies die ersten Samenergüsse – einhergehend mit schönen Empfindungen - waren, sollte mir erst etwas später bewusst werden. Dieses spärliche Equipment - variiert hin und wieder durch ein paar andere Handschuhe, selbst geklebte Füßlinge oder – wie gerade erwähnt – mit den in Eigenregie gefertigten, nicht wirklich schön anzusehenden Hosen, hatte mir viele Jahre zu genügen, um meinen sexuellen Wünschen bezüglich meines Fetischs gerecht werden zu können.

Das fiel mir um so schwerer, je mehr ich andere, respektive „richtige" , „originale", speziell für diese sexuelle Ausrichtung angefertigte Gummikleidung in Zeitschriften zu sehen bekam. Um mir diese einschlägige Literatur zu beschaffen (Internet war zu jener Zeit noch kein Begriff), hatte ich stets besonderen Ehrgeiz an den Tag gelegt, weil ich nur dort Fotos zu sehen bekam, die mir eine andere, bis dahin völlig unbekannte Welt vor Augen führten, eine Welt, der ich nicht nur offen gegenüberstand, sondern die mich vielmehr faszinierte als alles andere und mich regelmäßig rasend machte.

Entfesselter Sex ist für manch einen nur in gefesseltem Zustand erlebbar

Passt zusammen

Es ist ein Idealgespann:
Sie Gummifrau, er Gummimann.
Da sie es sexuell erregt,
wenn so man sich zusammenlegt,
im Bett und auf der Fessel – Bank,
nennt dies man abartig und krank.
Kein „Normalo" es kapiert,
was im Mensch dabei passiert,
wenn er Gummi riecht, berührt –
und die Freiheit dann vermisst,
*wenn er **nicht** gefesselt ist.*

Egal, ob ein Overall aus Gummi passgenau sitzt, ob er zu weit oder allenthalben zu eng anliegt – er ist immer ein Maßanzug für den Gummiliebhaber.

Wie kann man sich so einen Menschen vorstellen?

Wie aber stellt man sich einen Menschen wie mich vor, einen Menschen, der am liebsten mit Gummikleidung ins Bett geht, sich gerne fesseln lässt, jedoch auch bei der Partnerin es genießt, dies zu tun; ein Mensch, den Frauen in Gummi-, in Leder-, Lack- und Plastikkleidung gefallen; welchen es erregt, wenn er Frauen in High Heels, in hohen Stiefeln, mit langen Handschuhen, mit Leder- Gummi- oder Gasmaske, Halsketten, breiten Gürteln, Armbändern, engen Korsetts, wahlweise mit Lederriemen oder Handschellen gefesselt, sieht oder gar mit ihnen in Berührung kommt? Was könnte das für ein Typ sein? Wie war seine Kindheit, welche Entwicklung hat er genommen;

ist er zurückhaltend oder extrovertiert, verschlossen und
verschämt oder offen und selbstbewusst; weist er geistige
Defizite auf oder trifft man auf einen belesenen, allseitig
informierten Menschen; pflegt er Toleranz in allgemeinen
Dingen bzw. gegenüber anderen erotischen Spielarten? Wie
stellt diese Person sich im alltäglichen Leben dar, welchen
Charakter besitzt solch ein überaus triebgesteuerter Typ, fällt
seine Leidenschaft zu diesen Dingen auf oder bewegt er sich,
wie jeder andere Durchschnittsmensch, unauffällig in einer
Menschenmenge (deren Anteil an sexuell „Normalen" von dem
der „Unnormalen" sich wahrscheinlich eh nie bestimmen lässt)?
Ist es vielleicht bestimmten Leuten gar gegeben, eben solche
„anders geartete" Typen sofort zu erkennen? Ich denke, man
sieht dem Menschen seine sexuellen Präferenzen genau so wenig
an, so er es nicht wirklich möchte - wovon man doch in den
meisten Fällen ausgehen sollte – wie die vielen anderen
Eigenschaften, die er in sich trägt. Zumindest würde ich es als
kompliziert bezeichnen, einen Menschen, den man nur
oberflächlich kennengelernt hat, in irgendeiner Weise, schon gar
nicht nach sexuellen Verhaltensweisen, zu klassifizieren. Selbst
von Äußerlichkeiten sollte man in seiner Meinungsfindung sich
nicht zu sehr beeinflussen lassen, weil man dabei, gepaart mit
der eigenen Phantasie und dem, was man gern hinein
interpretieren möchte, ganz herbe Enttäuschungen erfahren

*Gummi und Fesseln gehören zusammen. Mir ist dabei egal, ob ich der
Fesselnde bin oder gefesselt werde. Ich bin nicht devot, nicht dominant –
gerne aktiv wie auch passiv - aber in jedem Fall gumminant.*

kann. Beispielsweise trifft man auf Kostümfesten durchaus
Frauen im Lederoutfit mit angeklickten Handschellen am
Gürtel, hohen Stiefeln und reichlich Schminke im Gesicht,
welche trotz dieser Maskerade nicht wirklich etwas von der
erotischen Spielart, die sie dadurch zu suggerieren vermögen,

hören oder sehen wollen, geschweige denn selbst daran teilzunehmen gewillt sind. Ja, man sagt, beim Fasching leben manche ihre Träume aus, was durchaus sein mag, aber wie der Traum wirklich aussieht und was ein anderer sich als einen Traum ausmalt, sind nun mal zwei verschiedene Dinge.
Authentisch und ohne Mutmaßungen kann ich nur von mir selber sprechen und, eventuell, von da auf andere schließen. Inzwischen habe ich das Alter knapp unter der sechzig erreicht, da ich im Jahr 1958, erstmals von Händen, die in Gummihandschuhe gehüllt waren - so nehme ich zumindest an - berührt wurde.
Das mag jüngeren Lesern recht alt erscheinen, gerade in Bezug auf die sexuelle Frage.
In meiner Jugend war ich der felsenfesten Überzeugung, dass Sexualität in solch einem Alter keine Bedeutung mehr hat, und das Feuer des Triebes, das durch den jeweiligen speziellen Fetisch immer aufs Neue angefacht wurde, bereits zu erkalteter Asche zusammengesunken sein sollte. Aber dem ist bei weitem nicht so.
Meine Kindheit verlief recht angenehm, meine Sturm- und Drang-Zeit war einigermaßen turbulent und in allen folgenden Zeitabschnitten – die, schon geschichtlich betrachtet – alles andere als ebenmäßig oder gar langweilig waren, konnte ich mich in den vielseitigen Bereichen des Lebens behaupten und

Erst entpuppte er sich zum Gummifetischisten – danach verpuppte er sich regelmäßig in Gummi

dabei sogar, was leider nicht selbstverständlich ist, im Großen und Ganzen ein anständiger Mensch bleiben.
Ich war, seitdem ich denken kann, immer ein vielseitig interessierter, offener, kontaktfreudiger und selbstbewusster Mensch. Meine Phantasie begann schon zu blühen, wenn ich als Kleinkind mit allen geeigneten und zweckfremden Sachen

spielte, um mich in fremde, von mir erträumte Welten zu versetzten.

Ich hatte nicht eine Lieblingsbeschäftigung, sondern viele: fasziniert war ich von meiner mittelalterlichen Ritterburg mit den dazugehörigen Rittern, womit ich mit selbsterdachten Szenarien ganze Schlachten im Mittelalter nachahmte; ich besaß ein Indianerlager, mit allen möglichen Indianer - und Cowboyfiguren, mit Tieren, Gebäuden, Bäumen – und einem Marterpfahl. Alle für meine „Filme" notwendigen Gegenstände, die mir fehlten, wurden in bester Qualität von meiner grenzenlosen Phantasie bereitgestellt. Über Stunden ließ ich die Bleichgesichter gegen die Rothäute kämpfen, sich gegenseitig auflauern, erschießen, verprügeln. Oft konnte ich mich nicht entschließen, welche dieser beiden Gruppen nun die stärkere war, welche Figur im Einzelkampf gewinnen sollte. Ich versetzte mich in die komfortable Lage der Bleichgesichter im umzäunten

Fort, genau wie in den mutigen Angriff der nur dürftig geschützten Indianer. Gern band ich schon mal eine gefangen genommene Rothaut – oder auch einen Hartgummicowboy – mit einem Bindfaden an den Marterpfahl, was zwar nur, nun sagen wir wegen der starren Figuren mehr ein symbolisches Fesseln war, aber trotzdem zu einem angenehmen, nicht genau zu bestimmendem Gefühl beitrug.

Mit endloser Ausdauer baute ich Fahrzeuge, Kräne, Brücken, Kanonen und was sonst noch alles aus den Teilen mehrerer Metallbaukästen herzustellen möglich war. Diese Baukästen hatte ich zum Teil geschenkt bekommen, zum 'Teil aber auch mit Freunden gegen irgendwelche anderen Spielsachen eingetauscht. Dabei wurde die Fähigkeit geschult, aus dem, was einem in Gedanken vorschwebte, einen greif- und nutzbaren Gegenstand zu bauen. Auch hier eilte meine Phantasie den praktischen, sprich materiellen Möglichkeiten weit voraus. Allerdings entdeckte ich auch hier das gleiche, undefinierbare

aber angenehme Gefühl, wenn ich aus den Teilen des Metallbaukastens einen Käfig herstellte, der zur Gefangennahme meiner Indianer – oder Cowboyfiguren dienen sollte. Besonders gut war der Käfig dann gelungen, wenn er mit einer beweglichen Tür versehen war, die im geschlossenen Zustand mit einem kleinen Schloss gesichert werden konnte – damit die eingekerkerten Figuren nur keine Chance hatten zu entkommen. Mit den weißen Quadern der Steinbaukästen errichtete ich Gebäude aus dem Orient, deren Aussehen ich mir, wie viele andere Anregungen, den „Mosaik"- Heften, diesen unterhaltsamen, lehrreichen und mit bezaubernden Zeichnungen versehenen „Comic" – Heften der DDR, entnommen hatte.
Ich besaß eine kleine Waffensammlung aus Holzmessern, Schwertern, Katapulten, Pfeile und Bogen, Glasröhrchen, die als Blasrohre mit Erbsen als Munition für viel Spaß sorgten, welche

Auch wenn ich erst später komme – fessle mich.
Weil ich die Freiheit liebe – fessle mich.
Ich will diesen Druck spüren – fessle mich
Unfähig, sich bewegen zu können, macht mich frei – fessle mich.
Ich werde erregt durch straffes verschnüren – fessle mich.
Ich will unverrückbar festgeschnallt sein – fessle mich.
Weil es mich fesselt – fessle mich.
Wenn du es willst – ich fessle dich.

mir allesamt selber hergestellt hatte (bis auf das Röhrchen aus Glas), weil sie für Spiele wie Räuber und Gendarm, oder Cowboy und Indianer, unerlässlich waren, wenn man vor den potentiellen Gegnern nicht chancenlos kapitulieren wollte. Auch gehörte eine zuhause ausrangierte Wäscheleine zum kriegerischen Equipment, mit der ein in Gefangenschaft geratener Gegenspieler an einen Baum gefesselt werden konnte. Solche Gefangennahmen bescherten mir immer einen besonderen, noch nicht näher erklärbaren Reiz. In mir war also bereits die Affinität zum Fesseln bzw. zum gefesselt werden vorhanden.

All diese Spiele im Wald machten uns nicht nur Spaß, sie forderten außerdem unseren Geist, hielten uns körperlich fit und hatten durchaus Bezug zum praktischen Leben.

Eine Menge von Holz- und Plastikautos nannte ich mein eigen – sogar schon einige aus Metall, namentlich die begehrten „Matchbox Autos“. Auf diese Art und Weise konnte ich stundenlang spielen, ohne dass ich dazu noch einen Gefährten benötigt hätte. Ein Einzelgänger war ich deswegen nicht. Draußen, in ländlicher Gegend, spielte ich mit den zahlreichen Nachbarskindern, die entweder viel jünger oder erheblich älter waren. Das war in den 60-ger und 70-ger Jahre ein ganz normaler Zustand, da zu jener Zeit kaum ein Jugendlicher bereits ein Moped oder gar ein Motorrad besaß, wir dafür aber eine unglaubliche Palette an verschiedenartigen Freizeitbeschäftigungen zur Verfügung hatten. Auf diese spielerische Art und Weise, in welcher einer vom anderen

Gummikleidung, fesseln und gefesselt sein sind nicht etwa das Dessert des erotischen Menüs. Sie sind die Hauptspeise und zugleich die notwendigen Zutaten, um überhaupt in der Lage zu sein, das Mahl angemessen und mit Appetit einnehmen zu können.

abguckte und die Jüngeren von den Älteren lernten – auch wenn dabei oft genug „Dummheiten“ angesagt waren - wurden wir, eigentlich unbewusst, in den verschiedensten Disziplinen unterrichtet, was, neben der Schule, in welcher wir fast alle, wenn auch teilweise in unterschiedlichen Klassenstufen, wieder zusammen waren, eine entscheidende Säule in unserer Entwicklung bildete, um aus uns Kindern eines Tages vernünftige, vielseitig begabte, sportliche, geistig rege, in praktischen Dingen bewanderte, und zu sozialem Umgang fähige Erwachsene werden zu lassen. War zwar die DDR durch eine Mangelwirtschaft geprägt, den Kindern und Jugendlichen hat es im Grunde jedoch an nichts gemangelt (außer für mich, wenn es sich um den heiß begehrten Gummianzug und ähnliche, in diese Richtung weisende Dinge handelte) - nicht zuletzt deswegen, weil ein Weniger allzu oft ein Mehr an Phantasie und Improvisationstalent   fördert. Unsere Bögen bastelten wir aus Speichen alter Regenschirme, die wir auf dem weit   entfernten   Schuttplatz   sammelten;   aus   alten Kinderwagengestellen bauten wir Kleine „Rennwagen", mit denen wir den geschotterten Berg hinab fuhren, dass einem bereits vom Zusehen   himmelbauchangst werden konnte, blutige Knie und blaue Flecken inklusive. Dabei hatte keiner von uns weder eine private Haftpflichtversicherung, noch ist einer dabei ums Leben gekommen, und das alles ohne app. und ohne Gebrauchsanleitung. Im Herbst gab es nicht einen von uns, der keinen selbstgebauten Drachen steigen ließ, trotzdem es ein Kunststück war, irgendwo eine halbwegs gehobelte Holzleiste zu erstehen.

Im Herbst holten wir uns regelmäßig Kartoffeln vom Feld, machten mit dem Stroh aus der nahe stehenden Scheune Lagerfeuer, in dem wir die Knollen brieten, um sie anschließend mit echtem Hunger und Appetit, garniert mit Butter und Salz, nach den kurzweiligen Beschäftigungen zu verzehren. Wir spielten Verstecke in der mit Heu und Stroh gefüllten Scheune; wir hauten vor dem fluchenden Bauer ab, der wieder einmal unverhofft mit einem Knüttel gestürzt kam, um uns ein paar überzuziehen,

wobei die Großen die Kleinen bei der Hand nahmen und mit ihnen davonrannten. In der Stadt holten wir uns die schon erwähnten   Glasröhrchen,   die   wir   als   Blasrohre umfunktionierten, um unser Viertel mit Erbsen und Linsen voll zu spucken. Noch gefährlicher waren die Katapulte, die wir uns aus Astgabeln und einem Stück Fahrradschlauch bauten, um damit Steine gegen alle möglichen Ziele zu schleudern. Im Sommer ging es baden und mit dem Floß über den Teich, im Winter wurde auf dem zugefrorenen Teich Eishockey gespielt, wobei manche Kinder als Ersatz für den Hockeyschläger einen Spazierstock verkehrt herum benutzten – arm konnte man sein, aber nicht blöd; wir bauten Schanzen für den Skisprung, errichteten riesige Schneehöhlen, fuhren so lange Schlitten, bis der steile Berg eine spiegelglatte Eisbahn war; Schneeballschlachten wurden ausgetragen, bei denen es auch mal blaue Augen gab.

Wir verbrachten die Zeit mit Fußballspielen, Federball, dem sogenannten „King", Tischtennis oder Völkerball; wir kletterten auf Bäume und bauten uns Lager im Wald; wir spielten Räuber und Gendarm oder „Meister - Meister gib uns Arbeit"; wir fochten mit selbst geschnitzten Holzschwertern, dämmten das Wasser des Baches an, bis ein kleiner Stausee entstanden war, um dann nach Ziehen des Stöpsels eine Flut über die Wiese zu schicken. Wir hatten wirklich eine traumhafte Kindheit.

Ich würde mich als ein durchschnittliches Mitglied in dieser Reihe von Kindern bzw. Jugendlichen sehen. Die sozialen Unterschiede waren in meinem Umfeld zu jener Zeit nicht gravierend, alles einfache aber arbeitsame Leute. Mein Elternhaus war, was meine Erziehung anging, intakt, wobei der Umgang meiner Eltern mit mir mehr locker als streng von statten ging; in weltanschaulichen und kulturellen Fragen unterlag ich keinen Zwängen; im Allgemeinen hatte das heimische Klima angenehme Temperaturen.

Die Schule besuchte ich wirklich gern, so dass es mir nicht allzu schwer fiel, diese nach 10 Jahren mit der Note 1 zu verlassen. Für das Abitur hatte ich zu jener Zeit dennoch keine Lust, weswegen ich den Beruf eines Werkzeugmachers erlernte. Nach einem guten Lehrabschluss verließ ich sofort den Betrieb, um mich in einem Kraftverkehrsbetrieb als Kraftfahrer einstellen zu lassen. Das möchte aus heutiger Sicht unlogisch erscheinen, aber so hat es sich tatsächlich zugetragen, weil es ganz bestimmte Gründe dafür gab: Bestimmte Anforderungen wie handwerkliches Geschick, Genauigkeit beim Arbeiten oder selbständiges Handeln, welche der von mir erlernte Beruf bedingte, hatte ich mir zwar angeeignet, jedoch war es für mich unmöglich, Tag für Tag in ein und demselben Betrieb arbeiten zu müssen, immer in der selben Werkhalle, immer mit den selben Kollegen ... ein Leben lang. Diese Vorstellung machte mir die Entscheidung leicht, sofort nach Abschluss der Facharbeiterprüfung mein Tätigkeitsfeld zu wechseln. Erheblichen Anteil an dieser Entscheidung, die bei den Beschäftigten im Lehrbetrieb, wie bei meinen Eltern, Verwunderung und Ärgernis hervorgerufen hatte, war der Drang in die Ferne sowie der Wunsch nach einer gewissen persönlichen Freiheit während des Arbeitstages. Die

Danke, dass du mir endlich dein wahres Gesicht zeigst, flüsterte sie lächelnd und streichelte dabei sanft über den Gummi der seinen Kopf umschließenden Gasmaske.

Ferne" ist sehr relativ zu betrachten, obwohl diese für meinen damaligen Status als ortsunkundiger Anfänger mich zur Genüge zum Schwitzen gebracht hatte. Die Sache mit der Freiheit war da in gewisser Weise ein realer Zustand. Die Art der elektronischen Kontrollmöglichkeiten und der ständigen Überwachung über GPS, was heute jeden Kraftfahrer zur gläsernen Figur werden lässt, waren damals noch nicht einmal Utopie, so dass man, hatte man den Betriebshof mit dem LKW erst
einmal verlassen, zumindest ein in gewisser Weise unkontrollierter, unbeobachteter, eigenständiger Mensch war, der laut Musik hören und Rauchen durfte, dabei sogar
noch Ausschau halten konnte, ob vielleicht hier und da auf den Gehwegen junge Frauen entlang tippelten, vielleicht sogar mit

nackten Beinen und hohen Stiefeln, mit knallengen Lederhosen oder einem aufreizenden Regenmantel bekleidet...

Hinzu kam ein weiterer – nicht unerheblicher - Grund, weswegen ich mich für diesen Beruf entschieden hatte, nämlich, dass in der DDR ein Handwerker, ein Produktionsarbeiter im Schichtdienst, ein LPG – Bauer oder eben ein Kraftfahrer mit ein paar Überstunden mehr verdiente als ein Angestellter mit erfolgreich absolviertem Studium, was zwar den Prinzipien des Arbeiter- und Bauernstaates entsprach, mit dem logischen Menschenverstand jedoch nicht viel gemein haben möchte. Aber, weit hinten in meinem Kopf versteckt, war noch etwas verborgen, etwas Heimliches, ein Gedanke, ein Grund – noch ein Grund - der mich zusätzlich animierte, in diese anders geartete Tätigkeit, einschließlich der Absolvierung der Berufskraftfahrerschule,   zu   wechseln.   In   jedem Kraftverkehrsbetrieb gab es zu jener Zeit, da Deutschland noch ein geteiltes Land war, eines mit gefährlich gesicherten Grenzen, einen Meisterbereich, welcher seine LKW in den anderen Teil des Landes, also in die BRD schickte, um die reichlichen und kontinuierlich ansteigenden Exporte von hier nach dort transportieren zu helfen. Auf diese Weise wurden nicht nur die von der DDR dringend benötigten Devisen generiert, vielmehr wurden umgekehrt proportional die Waren in unseren Konsums und HO`s immer weniger, vor allem die   mit hohen Qualitätsmerkmalen.

Nicht nur, dass mich der andere Teil Deutschlands in allgemeiner und in geographischer Hinsicht auch interessiert hätte, war es doch vielmehr der Gedanke an die Möglichkeit, eben dort drüben, in dem Land, in dem es alles gibt, mit der dafür notwendigen D-Mark, welche diese Fahrer als Auslösung bekamen, genau das zu erstehen, was mir so unwahrscheinlich am Herzen lag: Gummikleidung. Außerdem erträumte ich mir den Kauf von Dingen, die zum Fesseln außerhalb von Wäscheleinen und   Ledergürtel geeignet waren. Zu einem

Einsatz in das „NSW" (Nichtsozialistisches Wirtschaftssystem)
ist es für mich niemals gekommen, denn die Eignung des
jeweiligen Kollegen durfte nicht der Betrieb entscheiden!
sondern lag diese Auswahl in der Macht einer besonderen
Körperschaft, einer, der die Sicherheit des Staates besondere
Sorgen bereitete. Aber schon wenige Tage, nachdem die Mauer
und einige der Maurer gefallen waren, konnte ich selber
ausprobieren, dass man auf bundesdeutschen Autobahnen LKW
fahren kann, ohne dass der Kaffee aus der Tasse überschwappt
– den Kauf der von mir erträumten Sachen erledigte ich über
Kataloge per Postsendungen.
Im alltäglichen Verhalten war ich also nicht anders als meine
Freunde und Bekannten. Meine speziellen erotischen
Vorstellungen gab ich vorerst keinem Preis, ich sollte erst mit
17

*Ich mag jede Faser des Stoffes Gummi – was umso erstaunlicher ist, als
dass er gar keine Fasern besitzt.*

oder 18 Jahren jemanden als Freund finden, mit dem ich mich
über dieses Thema austauschen konnte.
Mein äußerer Habitus war mit 1.73 m Körpergröße mehr in der
Richtung der Kleineren verortet, und da ich auch nicht
sonderlich breit gebaut war, war ich eine mehr zierliche als
kräftige Erscheinung. Trotzdem (oder gerade deswegen?) war
ich während meiner Schulzeit immer ein guter Sportler, in der
Lehre nahm ich sogar am Wettkampf „Stärkster Lehrling" teil,
da ich bei Kraftsportarten immer mit vorn dabei war. Aber noch
besser war ich in Bezug auf Schnelligkeit und Gewandtheit, was
mir schon von klein auf gegeben war.
  Diese Eigenschaften waren passend für meinen Entschluss,
welchen ich im Alter von etwa 13 Jahren traf, einem Judoverein
beizutreten. Zuvor, so ca. seit dem 10. Lebensjahr, hatte ich
Fußball in einem Verein gespielt, wofür ich allerdings nicht

ausreichend geeignet war, als dass dieser Sport mir tatsächlich
Freude gebracht hätte. Beim Judo war das anders. Durch meine
körperlichen Voraussetzungen, gepaart mit verschiedenen
Techniken, welche ich im Laufe der Zeit erlernt und vor allem
verstehen gelernt hatte, konnte ich mich nicht nur gegenüber
gleichgroßen Gegnern, ja fast noch besser bei solchen
behaupten, die dem Anschein nach mir körperlich überlegen
waren. Obwohl ich einige Gürtelprüfungen absolviert hatte, war
ich nicht der „Theoretiker" in diesem Sport, vielmehr war ich
der praktische Sportler, der den lebendigen Kampf aus dem
Stand mit unterschiedlichen Wurftechniken, sowie am Boden,
wo Würge-, Hebel- und Festhaltetechniken zur Anwendung
kamen, liebte und recht erfolgreich praktizierte. Dieser Umstand
hatte damals durchaus auch seine praktischen Vorteile:
praktische Vorteile, die hier nicht in dem Hauptsächlichen
Sinne dieses Sportes gesehen werden müssen - nämlich der
Freude, die das Ausüben der vielen Techniken und möglichen
Kombinationen, der Schulung von Kraft, Schnelligkeit,
Gewandtheit, Kondition, der Gesunderhaltung des Körpers
wie des Geistes und, nicht zuletzt, der sozialen Komponente,
also dem Zusammensein mit anderen, mit neuen Bekannten und
Freunden, sondern ganz einfach darin, dass ich mich im
tatsächlichen Sinne des Wortes „Selbstverteidigung", welches
ursächlich der Grund für das Entstehen der bei diesem Sport
zur Anwendung kommenden Techniken war, „selbst
verteidigen" konnte, wenn dies sich als notwendig gezeigt hätte.
Und das tat es – besonders eben bei mir – des Öfteren,
beispielsweise bei Tanzveranstaltungen, in Diskotheken, bei
Straßenfesten, im Freibad, also überall dort, wo viele Menschen
aufeinandertreffen und eben da regelmäßig Streit suchende
Halbstarke auftauchen, um Unfrieden zu stiften. Nun verhält
es sich so, dass der Mensch immer nach den Bildern, welche er
sieht oder aber die vor seinem inneren Auge hängen, geneigt ist
zu entscheiden und zu handeln. Ich sagte bereits, dass damals

(wie übrigens heute noch) mein Habitus nicht der eines Hünen war, ja nicht mal der des allgemeinen Durchschnitts. Das zumindest, wenn ich normale Kleidung trug, denn in

Die Felge

Unbeeindruckt aller Wetter
trägt die Felge - ohne Wandel,
zum Schutz und als Empfindens - Retter
beständig ihren Gummimantel.

Die trägt ihn ihr gesamtes Leben,
ihn tags wie nachts niemals vergisst.
Ist fesselnd straff von ihm umgeben -
ein echter Gummifetischist!

Sportsachen zeigen sich die körperlichen Proportionen oftmals ganz anders. Und diese Tatsache, dass ein schmächtiger Jugendlicher auf dem Tanzsaal oder bei der Disko oder auch im Kino erscheint, reicht für Halbstarke, die – seinerzeit wie derzeit wie allezeit - allemal mehr in Erscheinung treten, als dies wirklich Starke Typen tun, um sich vor deren (ebenso geistig beschränkten) Bekannten, herumstehenden Mädchen und jungen Frauen (die das alles andere als cool finden mögen) oder auch nur für sich selbst, zu profilieren gedenken. Diese Masche war bei allen diesen Veranstaltungen angesagt, sehr beliebt und auch oft erfolgreich. Aber eben nicht immer. Etwa um das 18. Lebensjahr, inzwischen hatte ich mich mit Selbstverteidigung befasst, trainierte ich solche jungen Männer, die in unterschiedlichen Diskotheken und bei Tanzveranstaltungen für den Saalschutz zuständig waren. Annähernd alle dieser jungen Männer zeigten sich im Vergleich zu mir in größerer Statur, was für diese Tätigkeit durchaus seine Berechtigung haben sollte. So war es oft lustig, wenn Halbstarke, die sich neu angesiedelt hatten, bei der Stammkundschaft waren wir bekannt, mir nur deswegen nicht an den Kragen gingen, weil ich mit den großen Kerlen vom Saalschutz bekannt war.

Aufgrund solcher Vorfälle wurde ich nicht arrogant, dafür gäbe es, wenn überhaupt, bessere Gründe - jedenfalls zur Stärkung eines gesunden Selbstbewusstsein haben sie allemal beigetragen, was letztendlich eine positive Auswirkung auf das gesamte Befinden bewirkte.

Zu einem „gesunden Selbstbewusstsein beigetragen" insofern, da ich – in sexueller Hinsicht - ein Anderer, ein Anormaler, eine

In unserem Haushalt hat sie die Hosen an. Das stört mich aber nicht – ganz im Gegenteil, es handelt sich schließlich um knallenge Leder- oder Gummihosen.

Lachnummer, im Vergleich zu meinen Bekannten war; jedoch damit, mit der sportlichen Überlegenheit, wenigstens ein Gebiet hatte, auf dem ich der Bessere war, einer, den keiner so einfach auszulachen sich trauen würde.

Diese Tatsache hätte es meinen Bekannten sicher erschwert, wenn sie, das Wissen um meine sexuellen Eigenarten vorausgesetzt, mit Hänseleien mich hätten zu gängeln versucht. Solche Handlungen sind keine Vision, vielmehr werden sie täglich, damals wie heute, praktiziert, wobei die Übertragungsgeschwindigkeit an eine noch größere Anzahl „teilnehmender Personen" sich im Zeitalter von Facebook rasant erhöht hat. Betroffene werden nicht selten in die Verzweiflung getrieben.

Was würde zu einem derartigen Typ, der sich mit einem Gummianzug ins Bett legt, besser passen, als dass dieser gleichsam ein Schwächling, ein Weichei, ein Jammerlappen ist, weswegen man ihn um so schöner lächerlich machen könnte. Ich war öfter Zeuge solch niederer Betätigungen, bei denen sich die Masse einen, mit irgend einer Schwäche oder einem Fehler behafteten Typen aussucht, um diesem in aller Regelmäßigkeit das Leben zur Hölle zu machen. Kann sich ein auf diese Weise Bedrängter nicht wehren, muss er harte Zeiten durchstehen, es sei denn, es findet sich jemand, der diesem Spuk ein Ende bereitet. Als dieser „jemand" bin ich während meiner Armeezeit einem Opfer dieser Art von Tyrannei zur Seite gegangen, um dem munteren Treiben ein Ende zu setzen, wobei die Argumente – damals bei der Armee alternativlos – keine lyrischen Gedichte waren.

In dieser Fähigkeit sah ich im Gegensatz zu meinen sexuellen Vorlieben eine Art Ausgleich, die Herstellung eines Gleichgewichtes, wie es bei allem auf der Welt Geschehendem vorhanden zu sein scheint. Ich könnte es auch als eine Relativierung meiner, wohl latent vorhandenen Minderwertigkeitskomplexe bezeichnen.

Über viele Jahre unternahm ich regelmäßig Läufe durch den Wald, welche ich ab dem 32. Lebensjahr mit Hund unternahm und die ich bis zum heutigen Tag weiterhin betreibe. Ich bestieg aus Spaß am Klettern, der anders gearteten Aussicht auf den Wald sowie einer speziellen, nur dem Wald innewohnende, vom Rauschen des Windes durch die Blätter und Tannennadeln begleiteten Ruhe wegen, des Öfteren Bäume, überwiegend Laubbäume, teilweise aber auch Nadelbäume. Auf erstgenannten spannte ich mir hin und wieder, in einer Höhe von etwa 20 Meter, jeweils eine Hängematte auf, in der ich entweder vor mich dahin dösen oder aber auch einen geruhsamen Schlaf abhalten konnte. Eine Übernachtung in einer Hängematte gab mir völlig neue Erkenntnisse über das durchaus turbulente Nachtleben im Wald. Zur Abwechslung der körperlichen Betätigung fuhr ich liebend gern mit dem Fahrrad durch Wald und Flur, was ich mir bis heute erhalten habe. Ich war leidenschaftlicher Motorradfahrer und bin meinen Schutzengel zu ewigem Dank verpflichtet, dass mir die Möglichkeit erhalten geblieben ist, meinen erotischen Neigungen und all den anderen schönen Dingen des Lebens bis heute frönen zu dürfen. Ansonsten, in groben Zügen beschrieben, war und bin ich von einer umfassenden Liebe zur Natur geprägt, - niemals werden Spinnen durch den Ablauf meiner Badewanne in den Tod gespült oder absichtlich zertreten; ich bremse mit dem Auto für Hasen, Katzen, Rehe und alle übrigen unsere Straßen benutzenden Tiere.

Hund und Katze haben gleichberechtigtes Hausrecht (und so manches Vorrecht), im Garten habe ich mir ein kleines Arboretum angelegt, welches im Herbst mit viel Arbeit betreffs des Laubes zu tun hat, dafür aber im Gegenzug einer nicht überall existierender Fauna neue Lebensräume eröffnet. Ich denke, ich war ein ganz normaler, durchschnittlicher junger Mensch, wie es viele andere gab, woran sich bis heute – prinzipiell, also außer der Jugend – nichts geändert haben sollte.

Weder waren mir Gefühle von Dominanz oder Unterwerfung eigen, noch hatte ich den Drang, bei sportlichen Auseinandersetzungen oder anderweitigen „Wettkämpfen des Lebens", immer und unbedingt gewinnen oder ganz vorn mit dabei sein zu müssen. Ich verspürte keine Lust, andere Menschen zu bevormunden oder zu gängeln, noch kannte ich Minderwertigkeitsgefühle oder hatte ich narzisstische Anwandlungen. Ich war, wie in all meinen anderen Lebensbereichen, ein vielseitig interessierter, offener Mensch mit einem ausgeprägten Gerechtigkeitssinn, wie auch einem ständig zutage tretenden Humor.

Und ich war auf Mädchen aus, auf eine Freundin, wie alle meine Freunde und Bekannten auch. Bei der Auswahl meiner potentiellen Freundinnen spielten meine sexuellen Vorlieben kaum eine Rolle. Nicht, dass ich das nicht gerne gehabt hätte, eine Frau zu finden, die in allen entscheidenden Fragen im Sinne einer erfüllten Partnerschaft mit mir im Konsens gewesen wäre; nur war es mir völlig unklar, wie ich das hätte bewerkstelligen sollen, ohne ein lautes Gelächter oder aber verzweifelte

Angstschreie auszulösen? Haben junge Frauen überhaupt eine Ahnung von all den schrägen Phantasien, die in der Welt der Männer (jedenfalls in der meinen) sich ständig unter die Gedanken mischen, welche mit Frauen und Erotik im direkten oder auch nur im Entfernten zu tun haben? Gibt es bei ihnen

Wie heißt der Quell, aus dem unentwegt der Trieb sprudelt, der Trieb mit einem ganz speziellen Code. Dieser Code mit all seinen Zutaten ergibt das Rezept für den erotischen Speiseplan.

eine Affinität zu gewissen Fetischen oder zu nicht der allgemeinen Norm entsprechenden sexuellen Praktiken, können Frauen so etwas verstehen, tolerieren oder gar daran aktiv teilnehmen? Hinzu gesellte sich meine Scham, aber noch mehr die Angst, die mir bezeigte, welche Schmach es werden könnte, sollte durch eine dieser noch jugendlichen Frauen mein großes, mein allergrößtes Geheimnis Verbreitung finden. Stell dir vor, du nimmst die junge Frau beiseite, die junge Frau, die du bereits mehrere Tage oder Wochen kennst, die dir sympathisch erscheint, die Geist und einen gesunden Menschenverstand besitzt, die gut aussieht, die dir gefällt, die dir den Eindruck vermittelt, auch dich zu mögen, - um sie dann in aller Ernsthaftigkeit zu Fragen: hör zu, du gefällst mir sehr gut, ich mag deine Art und dein Aussehen, was hieltest du davon, wenn wir uns beide beim Sex in Gummi kleideten (oder wenigstens ich das tun dürfte), und wenn wir uns ab und zu gegenseitig fesseln würden? Keine Angst, ich bin - ansonsten – ganz normal, kein Macho, möchte aber diese Eigenheiten ausleben und kann absolut nicht auf sie verzichten.
Einem nach Liebe und Zuneigung zu einem jungen Mann suchenden Mädchen, dass in solchen Dingen völlig unbedarft ist, könnte man in genanntem Beispiel nicht zum Vorwurf machen, wenn ihre Reaktion nicht annähernd jener entspräche, wie man es sich gewünscht hätte. Man darf wohl davon

ausgehen, dass jenes junge Mädchen entsetzt oder gar verstört kehrt machen würde, begleitet von bis dahin ihr unbekannten Ängsten oder gar von einem Ausbruch lautstarken Kicherns. So

Wenn der aus Gummiwänden bestehende Raum mit Armen, Beinen, Torso und Kopf eingerichtet ist, also sobald du ihn eingenommen hast, so nimmt er Gestalt an, nämlich körperliche Gestalt, die Außen gleichsam wie innen sich in Gummi präsentiert.

lebte ich meine erotischen Vorstellungen in Form eines Konformismus, um bloß nicht aufzufallen.

Meine diesbezügliche Auswahl beschränkte sich also auf die üblichen, individuell durchaus unterschiedlichen Kriterien, welche eine Partnersuche im „Normalfall" bestimmen.

Die erste Regung wird durch das Aussehen der Frau ausgelöst. Dazu gehören das Gesicht mit seinen prägenden Details wie Augen und Mund; die Haare nach Farbe,

Form, Schnitt; die Körpergröße, der allgemeine Habitus, wobei nicht konkrete Maße von bestimmten Körperteilen - sprich Busen, Hintern Taille, Beine - sondern die Proportionen dieser zueinander zu einer Bewertung der Gesamterscheinung beitragen, wobei mir es dabei wichtig erschien, dass das in Frage kommende Mädchen keinesfalls größer sein durfte als ich, was die Anzahl der potentiellen Kandidatinnen erheblich schmälerte; weiterhin die geistigen Anlagen – die mit einem Schlage alle anderen, bereits erwähnten Merkmale in ihrer Wertigkeit zu Nichte machen können - wie auch die mündlichen Äußerungen (worüber wird wie gesprochen, das Beurteilungsvermögen über bestimmte Sachverhalte), der Charakter sowie die ganzheitliche Erscheinung. Die genannten Auswahlkriterien kommen, je nach dem den Betrachter innewohnenden Wesen, in ganz unterschiedlicher Reihenfolge bei differenzierter Gewichtung zur Anwendung.

Nicht ganz ohne Einfluss waren bei meinen suchenden Blicken gewisse Accessoires, wie Gürtel, Halsketten und Armbänder, die für mich mehr den Anschein nach Fesseln denn als Schmuck hatten, bestimmte Stiefel, ein rot geschminkter Mund und schöne Hände. Es zeigte sich jedoch meist, dass diese

Von dem Material Gummi geht eine rauschende Schönheit aus.

vermeintlichen Hinweise auf die von mir erwarteten sexuellen Neigungen nicht zutreffend waren, was auch hier deutlich macht, dass unsere Bilder und Vorstellungen gerade nach unseren Wünschen in uns selber entstehen, ohne dass ein Bezug zum Tatsächlichen existiert.
Meine Bekanntschaften mit Frauen waren immer dadurch gekennzeichnet, dass ich niemals – wenn es weniger ordinär wäre, würde ich es im wörtlichen Sinne als „Schnellschüsse" bezeichnen – also dass ich niemals wollte, oder ehrlich gesagt dies auch niemals konnte, mit der jeweiligen Frau sofort intimen Kontakt zu haben. Ich erlebte solches bei Tanzveranstaltungen, besonders in den Sommermonaten, dass ein Bekannter mit einer Frau, die er just an diesem Abend kennengelernt hatte, mal für eine halbe Stunde abwesend war, um sich mit dieser, drüben auf der Wiese oder in der Garderobe, auf intimste Art und Weise zu vereinigen. Also gerade so, als ob man zusammen an die Bar geht um ein Getränk zu genießen. Ich habe das oft regelrecht bewundert, weil das bei mir nie funktioniert hätte, was heißt, dass ich in einer derartigen Situation absolut keine brauchbare Erektion zustande bekommen hätte. Ich brauchte immer Zeit zum Kennenlernen und für sexuelle Begegnung benötigte ich noch mehr Zeit– mal schnell so zwischendurch Sex mit einer flüchtigen Bekanntschaft ging gar nicht.
Also, wie gesagt, ich war – soweit - ein ganz normaler, durchschnittlicher junger Mensch, wie es bei uns und überall

viele andere gab, mit Parallelen und nicht bedeutsamen
Unterschieden zu meinen Bekannten.
Aber, wie bereits erwähnt, gab es auch noch einen, nicht
unerheblichen, dafür aber streng geheimen Teil meiner

*Ich möchte mich für mein zukünftiges Leben nicht binden. Mir reicht es
vollkommen regelmäßig gefesselt zu werden.*

Persönlichkeit: In sexueller Hinsicht war ich eben *nicht* normal,
wobei ich unter „normal" in diesem Zusammenhang das zu
verstehen gedachte, was andere dabei tun, wenn Menschen sich
„lieben", ohne zu wissen, was sie wirklich taten oder sie zu tun
sich wünschten.
Jetzt dagegen, auch schon ein paar Jahre früher, da ich diese
Dinge nüchterner betrachte, bar von Selbstzweifeln, von Schuld-
und Schamgefühlen, von Vorwürfen, Ängsten, und
dahingehend gereift bin, ist mir es weitestgehend egal, was
jemand
denken würde, sollte er von meinen sexuellen Präferenzen
erfahren. Ich dränge nicht mehr nach Verständnis oder
Anerkennung; ich brauche nicht mehr Hinz und Kunz als
vorgebliche Freunde, um glücklich zu sein; muss nicht auf
Biegen und Brechen „dazugehören". Es ist außerdem nicht
tragisch, wenn ich nicht dabei bin bei dem, was
(wahrscheinlich?) die meisten zu tun gedenken. Das, was alle
machen, muss der Quantität wegen lange noch nicht das einzig
Richtige oder das Beste sein.
Ich sage mir: richtig oder falsch, normal oder anders – egal –
solange ich keinen anderen Menschen zu etwas zwinge oder ihm
Schaden zufüge, bin ich nur mir selbst Rechenschaft schuldig.
Entscheidend ist der Mut zu den eigenen Gefühlen, mich
kümmern nicht moralische Befindlichkeiten Dritter. Das Leben
auf Distanz zu anderen Menschen kann auch ertragreich sein –
wenn man mit sich selbst einig und im Reinen ist.

Ich habe meinen Frieden gemacht mit meinen mir eigenen sexuellen Eigenheiten. Aber mein Frieden ist nicht der Frieden eines jeden. Es ist nicht möglich, seine sexuellen Neigungen

In Medien wird Latex oft verwechselt mit Lack – das ist ähnlich der Verwechslung eines Bierglases mit einem Pappbecher
abzulegen, einfach zu exportieren. Bei diesem Handel würde der eigene Seelenfrieden zerstört.
Nun aber zeigen sich andere Auswirkungen meiner sexuellen Wesensart. Auswirkungen, die mir eindeutig missfallen, die mich traurig stimmen, vielleicht auch deswegen, weil es nicht so einfach ist, diese „Folgen", diese über viele Jahre sich verinnerlichten Gewohnheiten mit ganz anders gelagerten Verhaltensweisen, als Frauen sie besitzen, übereinzukommen. Über diese Folgen möchte ich später noch eingehen. Anschließend sollen einige Beispiele zeigen, wie meine besonderen Vorlieben von Klein an meine Begleiter waren.
Diese meine außergewöhnliche sexuelle Leidenschaft besteht in dem unbedingten Hang zum Tragen von Gummikleidung bei sexuellen Handlungen oder ganz einfach so, ohne Intimitäten – was ich ausschließlich zu Hause bzw. In privater Atmosphäre tue
– wie auch zu Fesselungen beim erotischen Spiel, welche

Schamhaft

Würde jetzt ein Mensch dich fragen
von welcher Art dein Wesen ist,
es wäre peinlich, dir, zu sagen,
du seist ein Gummifetischist.
Was dich heillos fasziniert
bereitet dir auch Gram.
Du bist so leicht nicht ungeniert,
denn stärker ist die Scham.

sowohl mit Frauen als auch mit mir selbst stattfinden sollten. Damit untrennbar verbunden waren meine unzähligen Reisen in eine grenzenlose Welt dieser bezaubernden Form der Erotik, die mich in meinem ganz privaten Zug, angetrieben durch die gewaltige Kraft der Phantasie, nicht nur des Nachts zu Hause, sondern ebenso in kurzen, nur wenige Sekunden dauernden Tagträume, in magischer Weise hinweg trug. Ich war endlos wissbegierig bezüglich perverser sexueller Praktiken, besonders aber der mich betreffenden Bereiche, namentlich zu den Themen Gummi, SM, Fesselungen, Bondage. Alles, was ich an Büchern, Heften, Filmen über diese Art der Erotik, der abnormen Seite der Sexualität bekommen konnte, konsumierte ich, wobei ich feststellen musste, dass der weitaus größere Teil dieser von mir so begehrten Produkte großer Schund war. Aber zur Not frisst der Teufel fliegen, und so fanden sich selbst bei den primitivsten Texten oder abstoßenden Bildern zuweilen einige noch brauchbare Details und neue Erkenntnisse.

Diese versteckte Zwiespältigkeit aber gab mir manchmal das Gefühl, ich wäre ein Heuchler, ein Lügner, ein unehrlicher Mensch gegenüber meinen Freunden und Bekannten, ja gegenüber mir selbst. Zur Aufklärung dieses Zustandes hatte ich nicht den geringsten Mut. Hin und wieder habe ich mich geärgert, regelrecht geschämt, weil ich, wenn auch ohne mein Einverständnis - niemals bin ich nach der Vorstellung meiner sexuellen Ausrichtung gefragt worden, niemals hatte ich eine Wahl - in meinem triebhaften Verlangen so danebenlag, dass ich eigentlich nur als Exot gegenüber allen anderen (denn die waren doch garantiert alle total normal!?) hätte gelten können. Eine Offenbarung war damals völlig ausgeschlossen, man hing noch zu sehr an der Gemeinschaft, wollte unbedingt Mitglied in dieser

Der menschliche Körper verfügt je nach Schätzung über 710 bis 900 Millionen tastsensible Rezeptoren. Zum Vergleich: Ein Auge hat rund 120 Millionen Stäbchen- und 6 Millionen Zapfenzellen. Pro Ohr sind es nur 20000 Rezeptoren. Also muss schon aufgrund natürlicher Ursachen ein Gummianzug seine Wirkung tun

sein, mit all denen über die gleichen Witze lachen und über dieselben Leute lästern, vor allem aber wollte man nicht selber der sein, über den alle sich lustig machten.
Aus diesen Gründen nahm   eine Ambivalenz derartig von mir Besitz, dass mein Verhalten, meine Reaktionen nur selten mit meinem wirklichen Wesen, mit meinen ehrlichen Gedanken, übereinstimmten.

Folgendes wird jetzt bis S. 97 eingefügt

Ein paar Ereignisse, welche an sich nichts Besonderes darstellen, die jedoch meine bereits damals vorhandene Affinität zu den heute noch dominierenden erotischen Kernpunkten meiner Person bezeugen, sind bei mir haften geblieben. Es handelt sich um Erlebnisse die zeigen, wie tief bei mir die Scham vor den eigenen Gefühlen saß, Gefühle, deren Ursprung sich auf einer sexuellen Ebene befindet; Vorstellungen, Obsessionen, die mein Sexualleben spiegelten, die ich damals reinweg als triebhafte, moralisch verwerfliche, exzentrische und im Sinne aller anderen abnorme Gelüste klassifizierte, was die unglaubliche Angst zur Folge hatte, entlarvt und ausgestoßen zu werden. Bei einem Trainingsnachmittag, als ich noch in einem Judoverein trainierte, wurde vom Übungsleiter die Frage aufgeworfen, welches Spiel zur Erwärmung wir heute durchführen möchten. Sofort meldete sich eine Jugendliche, die ca. 14 Jahre alt war, also dem meinigen entsprach, um vorzuschlagen, dass wir das Spiel machen sollten, bei dem jeweils von zwei Personen ein Bein an eines des anderen Teilnehmers gebunden wird (mit dem Gürtel, welcher beim Judosport umgebunden wird und je nach Graduierung eine entsprechende Farbe hat), um, jeder auf

einem Bein hüpfend, einen anderen Mitspieler einzufangen, was heißt, dass dieser mit einem als „Peitsche" fungierenden Stoffgürtel „abgeschlagen" werden musste. Das war ein Spiel, bei dem insbesondere Beinkraft, Gleichgewichtssinn, Schnelligkeit, und Koordinationsvermögen geübt werden konnten, also solche Eigenschaften, die grundlegende Voraussetzungen für den Judosport darstellen.
Schon das Zusammenbinden an sich war ein Grund, dass mich dieses Spiel besonders reizte. Hier kam aber der Umstand hinzu, dass dieser Vorschlag von einem Mädchen kam, und zwar in einer fordernden Art und in einem Tonfall mit den Worten: „ach, machen wir doch das Spiel mit dem Zusammenbinden der Beine!", dass ich diesmal noch mehr von diesem Vorschlag angetan war als üblich. Für das junge Mädchen, welches gutaussehend und ebenso gut gebaut war, wurde dieser Vorschlag sicher nicht mit den mir eigenen Hintergedanken gemacht, wodurch aber meine Vorstellung keineswegs litt, dass dieses ansehnliche Wesen nach getaner Äußerung von den gleichen erotischen Gedanken müsse getragen werden, wie es bei mir der Fall war. Dass trotz allem, oder nein, gerade deswegen, mein Schamgefühl so groß war, dass ich um alles in der Welt nicht der sein wollte, der an irgend eines anderen Bein – so gottlob noch an das ihre - gebunden werden sollte, zeigt, welche Ängste und welche Schuldgefühle, welche inneren Konflikte bezüglich meiner sexuellen Vorstellungen ich mit mir herumschleppte. Denn in der anderen, der richtigen Wirklichkeit, wollte ich ganz genau das, mit genau so einer

jungen Frau, wie dieser, welche gerade diese herrliche Idee
geäußert hatte: „ … das mit dem Zusammenbinden".

*Wann ertönte der Urknall, welcher das Wesen meines sonderbaren
sexuellen Universums entstehen ließ?*

Die Vorstellung jedoch, hier, vor all den Bekannten,
durchschaut zu werden, was für ein Mensch ich bin, außer
demjenigen, den ich allgemein vorgebe zu sein; das
Bekanntwerden der ungewöhnlichen Gelüste, denen ich zu
frönen gewillt bin, genauer gesagt gezwungen bin diese zu tun –
weil ich so bin wie ich bin; das Bild, wie alle auf mich zeigen
oder heimlich sich in
Gedanken vergehen: was ist denn das für einer, wer hätte denn
gedacht, dass das eine Perverser ist...; diese Eingebungen
ängstigten mich so sehr, dass ich wahrscheinlich sofort die
Gesichtsfarbe gewechselt hatte, nachdem dieser für mich so
einprägende Satz gefallen war.
Die folgende Schilderung bezieht sich auf meine zweite
Vorliebe, auf den unbändigen Zwang, Gummikleidung zu
tragen. Meine damals Angebetete und ich saßen mit ein paar
Freunden und deren Freundinnen zusammen. Es war die Zeit
noch vor der Öffnung der Grenzen. Ich hatte etliche Illustrierte
aus   dem   gelobten   Nachbarland   erstanden,   welche
durchzublättern alle Anwesenden sich bereitwillig anschickten.
Ich kannte die Zeitschriften bereits, das heißt, die für mich
interessanten Seiten. Das waren eben solche, auf denen über die
Themen berichtet wurde, welche mich sexuell erregten.
Obwohl ich mir solche Lektüre jahrelang herbeigesehnt hatte,
musste ich nun feststellen, dass die abgedruckten Texte sich
ausnahmslos auf unterstem Niveau bewegten, sachlich meist
unwahr oder an den Haaren herbeigezogen, außerdem ohne
einen   wirklich   nennenswerten   Nutzen,   dafür   zum
fremdschämen geeignet. Aber immerhin konnte man überhaupt

mal etwas über diese sonst so geheimen sexuellen Neigungen
lesen, was heißt, dass man mitunter alles konsumiert, was man

*Fesselnde Studien lassen sich auch und gerade in gefesseltem Zustand
durchführen*

bekommt. Außerdem, richtiger gesagt hauptsächlich, gab es in
diesen Heften viele Fotos und Abbildungen, die teilweise ganz
gut waren, auch wenn sie oft gar nicht zum dazugehörigen Text
passten. So geschah es, dass eines der anwesenden Fräuleins
plötzlich, während sie in einer der Illustrieren blätterte, in
hohem Tonfall zu lachen anfing, mit dem lang gestreckten
Finger auf ein Foto tippte und gleichzeitig die gedruckte
Überschrift vorlas: „ Frau ist verliebt in ihre Gummihose". Alles
kreischte und tobte auf Grund dieser Aussage. Beinahe hätte ich
vor Wut und Enttäuschung vergessen selber gleiches zu tun,
ebenfalls zu jauchzen und kopfschüttelnd in das gleiche Horn zu
blasen, damit ich nicht etwa noch als schräger Vogel würde
entlarvt werden. In jenem Moment fühlte ich mich überaus
unwohl, ich sah mich selber als einen falschen Fuffziger, als
einen, der aus Angst vor sich selbst den Ausweg der Lüge
benutzt.
Aber so wurde mir wieder einmal bewusst, in welches
Niemandsland meine erotischen Irrwege führten. Zumindest
ging ich davon aus, dass alle Beteiligten aus vollem Herzen und
in aller Ehrlichkeit sich fast kaputt gekichert hatten, genauso,
wie jeder der Anwesenden das auch geglaubt haben mochte,
wobei diese, die keinerlei Affinität zu dieser Materie verspüren –
außer darüber zu lachen – gar kein besonderes Augenmerk
darauf verwendet haben mochten, wer auf welche Weise reagiert
hatte, wie das eben bei mir der Fall gewesen war.
Schon als ich mich noch im zarten Kindesalter von vielleicht 7
oder 8 Jahren befunden habe, waren mir Assoziationen mit

Sie war gefangen von der Art, wie er sie fesselte. Ein herrschaftliches Gefühl nahm von ihr Besitz, wenn sie in sklavischer Art gefesselt war. Nur so fühlte sie sich richtig frei.

Gummi- bzw. Gummi ähnlicher Kleidung im Beisein anderer peinlich.

Meine Eltern und ein paar Bekannte waren mit mir in einem Schaubergwerk im Erzgebirge, wo man vor dem Einfahren ein wasserdichtes Cape anlegen musste. In dieser Öffentlichkeit, vor allem aber im Beisein meiner Eltern und der Bekannten, war mir das reichlich unangenehm, währenddessen, hätte ich mich mit diesem Umhang in meinem Zimmer einschließen können, mir dieses Teil garantiert ungeahnte Freuden bereitet hätte.

Ähnlich verhielt es sich mit dem Regencape, welches ich immer dann, wenn es das Wetter verlangte, tragen sollte. Jedes Mal hätte ich diese Ding am liebsten verschmäht, musste ich doch in aller Öffentlichkeit, die Eltern dabei, mit diesem Kleidungsstück aus einer Art Plastik, eine Art Spießrutenlauf absolvieren, stellte

ich mir doch vor, dass mich all die Betrachter mich gleichfalls sähen, wie ich mir zu Hause eben dieses Teil ganz heimlich überzog, um mich damit auf den Boden oder auf das Bett zu legen und mich daran zu reiben.

Dieses Material ließ sich mit seinen Eigenschaften mit denen von Gummi nicht wirklich vergleichen, doch wo hätte ich derzeit ein Cape aus echtem Gummi herbekommen sollen. So konnte es aber als ein gewisser Ersatz dienen, denn diese Plastik - Oberfläche war immerhin schön glatt. Eine andere Erinnerung in Bezug auf das Material Gummi respektive von einigen „Ersatzmaterialien" zeigt mir die Vorstellung, als ich mich im Garten eines Spielkameraden aufhielt, wo wir, mit noch zwei oder drei anderen Freunden, passend zur Fastnachtszeit, Cowboy und Indianer spielten. Wir waren damals

Ein Ganzkörperanzug aus dickem Gummi ist ein überaus schwer wiegendes, restriktiv zu tragendes, herben Duft verbreitendes, widerstandslos glatt anzufühlendes und konsequent einschließendes Ganzkörperkondom.

alle in der gleichen Schulklasse und vielleicht 8 oder 9 Jahre jung.

Es war ein leicht kühler und etwas feuchter Tag, worauf wir, als echte Krieger keine Rücksicht nehmen konnten, als wir uns am Boden, auf den Bäuchen kriechend, an die imaginäre, feindliche Stellung heranpirschten. Mit lautem Tamtam kam die Mutter des Schulfreundes, welche uns auf der feuchten Wiese hatte liegen sehen, herbei geeilt, wobei sie in den Armen ein paar Rollen Folie trug, die sie uns vorsorglich unterschob, um die Nässe von unseren kampferprobten Leibern fernzuhalten. Nun waren auch dies keine Bahnen aus Gummi, aber sie hatten doch etwas in dieser Richtung, sie waren auch schön glatt, rochen, wenn auch nicht so intensiv wie beispielsweise eine Badekappe, immerhin aufreizend, und eben darauf zu liegen war mir ein echtes Vergnügen. Dieses Vergnügen rührte zumindest bei mir nicht in

erster Linie daher, dass ich vor der Nässe der Wiese geschützt wurde, sondern dass ich mich, weil es die Deckung des Angriffs so verlangte, bäuchlings auf diese Stück Folie legen und - im Einklang mit der kriechenden Bewegung – ungeniert

daran reiben konnte. Ich weiß noch, wie ich mir einen stundenlangen Kampf herbeisehnte, während dem wir mit unseren Holzgewehren auf die angeblichen Angreifer schossen, und, was ich mir, wahrscheinlich zum Schrecken meiner Kameraden, hätten diese von meinen verräterischen Absichten erfahren , am meisten wünschte, war der Sieg der Gegner, die uns überwältigen und allesamt, vor allem aber mich, auf dieser Unterlage liegend fesseln und uns so lange wie möglich in dieser

*Vergleicht man Erotik, also auch die abnorme Erotik / alle Arten der
sexuellen Formen / mit der Zuführung von Nahrung, so kann man
niemals davon lassen, selbst dann nicht, wenn einen Gewissensbisse wegen
der falschen Ernährung plagen; um mit Brecht zu sagen: „Erst kommt das
Fressen, dann die Moral".*

Gefangenschaft belassen sollten. Diese Gedanken, solche
Tagträume nahmen mich seit meiner Kindheit in Beschlag und
bescherten mir, meist nur durch die Einbildung, durch die
genaue, bildhafte Vorstellung, wahrlich bezaubernde Momente.
Aber auch, wie gesagt, in manch unglücklichen Situationen,
gleichfalls Scham, Angst, Frust und Selbstzweifel.
Auch in späteren Jahren, in etwas reiferem Alter, berührten
mich Erlebnisse, welche die gleichen Reaktionen bei mir
hervorriefen, die nach wie vor von Schamgefühlen vor einem
eventuellen Bekanntwerden meines ungewöhnlichen, sexuell
Verlangens begleitet waren. Eines Tages, ich dürfte um die 17
Jahre alt gewesen sein, besuchte ich einen ca. 5 Jahre älteren
Bekannten, der in ebenfalls in meiner Sportgruppe mit trainierte.
Er war Physiotherapeut und führte mich lächelnd in den Raum,
in welchem allerlei Gerätschaften für verschiedene
Behandlungen bereitstanden.
Ohne viel Phantasie konnte man dieses Herrliche Zimmer als
eine Art Folterkammer bezeichnen - nennen wir es
freundlicherweise ein Spielzimmer für bizarre Gelüste, in
welchem jeder, der es wollte, „ fachmännisch behandelt" werden
konnte bzw. dieses als aktiver Teilnehmer selbst tun durfte -
was mich einerseits ungeheuer faszinierte, andererseits aber
verdammt verlegen machte, wusste ich doch absolut nicht, wie
ich mich denn in dieser Situation verhalten sollte. In selbiger
Sekunde kommen zwei völlig gegensätzliche Gefühle zur
Wirkung, so dass man regelrecht gelähmt wird und nicht weiß,
soll man nun Freude oder Abscheu bezeigen. Der Clou kam

aber noch, indem mein Sportkollege mir Vorschlug, mich doch
mal an dieser Vorrichtung aufzuhängen!

*Manche Menschen kann man nur an sich fesseln, wenn man sich von ihnen
fesseln lässt.*

Ich kann bis heute nicht sagen, aus welchen Beweggründen er
diesen Vorschlag machte, wäre es für ihn gleichsam reizvoll
gewesen, wie es für mich ganz sicher der Fall war; wollte er mir
nur einmal seine neue Einrichtung präsentieren oder zeigen, wie
dies und jenes Leiden durch Strecken und Hängen und Beugen
behandelt werden könne. Außer ihm war noch eine weibliche
Person in der Praxis – momentan in einem anderen Raum mit
einem Patienten beschäftigt – die ich bereits seit einigen Jahren
durch den Judosport kannte und die eine überaus bezaubernde
Erscheinung war. Jener Umstand ließ mir in Blitzesschnelle
gedanklich eine bebilderte Geschichte erscheinen, die mir
bedeutete, dass es eine hervorragende Idee wäre, ließe ich mich
von ihr, meinetwegen auch von beiden, an diesen dafür
wunderbar geeigneten Gerätschaften festbinden, aufhängen und
behandeln. Ich lehnte jedoch ab. Ich brachte es nicht fertig,
diese Gelegenheit zu nutzen, eine Chance, die, so wie sie mir
präsentiert worden war, völlig unverfänglich ob meiner
Neigungen gewesen wäre; keiner hätte sagen können, der ist
nicht ganz richtig, weil er sich hier hat aufhängen lassen, denn
dieser Vorschlag kam, ohne jede Aufforderung, ohne jeglichen
Wink meinerseits, von der anderen Partei. Wie habe ich mich
geärgert, nachdem ich die Praxis wieder verlassen hatte, weil ich
so eine wunderbare Möglichkeit ohne Not ausgeschlagen hatte.
Dieses Verhalten aber zeigt, wie groß die Angst, wie gewaltig die
Scham auf mir lag, erwachsen aus der Vorstellung, vielleicht
kommt ja doch einer dahinter, welchen Praktiken ich mich
verbunden fühle; vielleicht allein deswegen, weil ich ja zu diesem
doch ungewöhnlichen Vorschlag gesagt hätte – wenn ich es

*Mein Mann geht fremd. Seit gestern trägt er nicht mehr seinen geliebten
schwarzen Gummianzug, sondern einen transparenten Plastikregenmantel.*

denn getan hätte. Ebenfalls ein fesselndes Thema behandelt
ein Ereignis aus meiner Wehrdienstzeit. Bei einem Kinofilm,
den wir bei der Armee ansehen konnten, wurde mir
offensichtlich, dass Bilder von schönen, gefesselten Frauen,
auch anderen Männern außer mir gefielen. In einer Szene des
uralten Edgar Wallace Filmes „Der Frosch mit der Maske" zog,
wie durch einen militärischen Befehl verursacht, ein gewaltiger,
synchron verlaufender, aus dutzenden Kehlen kriechender Ton
durch die Sitzreihen, dass es fast schon peinlich wirkte, da diese
akustisch vernehmbare
Erregung   durch   einen   kollegialen   Einheitsgedanken
entstanden zu sein schien, der bezeugte, dass all die hier
anwesenden, sexuell ausgehungerten Soldaten, ausschließlich auf
eine derartige, ins Brutale reichende Szene gewartet hätten, um
ihre aufgestaute, unbefriedigte Lust durch den Raum bis hin zu
der großen Leinwand zu ergießen. Damals hatte ich ein
Lebensalter von 23 Jahren erreicht, war nicht mehr so grün in
der Einschätzung von erotisch behafteten Verhaltensweisen
Dritter, aber trotzdem hatte mich jene einheitliche Reaktion
einer relativ großen Gemeinschaft   erstaunt, weil sie,
einschließlich der meinigen, auf den Punkt einsetzte: nämlich
dort, als das Bild umschwenkte und eine bildhübsche, gut
gebaute, spärlich bekleidete Frau zeigte, die konsequent gefesselt
auf einem Stuhl saß, festgebunden und gefangen gehalten von
eben diesem Gangster, dem sogenannten Frosch. Die junge
Frau war von ihrem Entführer in einen zum Schreien führenden
Angstzustand versetzt und schließlich von ihm mittels einer
Maschinenpistole durchlöchert wurden, um von roten Punkten
übersät und aus den Wunden herausquellendem Blut im Qualm

der Munition mit samt dem Stuhl, an dem sie immer noch gefesselt hing, hintenüber zu kippen. Der Kick lag bei dieser Szene für mich nicht darin, dass die junge Schöne brutal umgelegt wurde, sondern in der erregenden Darstellung der Fesselung derselben an einen Stuhl.

Für mich nicht alltäglich war auch die nachfolgende Szene. Bei der Besichtigung der Burg in Nürnberg wird man zu gegebenem Zeitpunkt in den Kerkerbereich geführt. Dort werden die damals herrschenden, unangenehmen Haftbedingungen, die menschenunwürdige Unterbringung in Gefängniszellen, wie auch verschiedene Utensilien zum Foltern und Fesseln der Gefangenen gezeigt. Als ich vor ein paar Jahren, etwa um 2012, zu Besuch in dieser Burg war, trug es sich zu, dass der Mitarbeiter des Museums während des Rundganges in genanntem Gefängnisbereich verschiedenartige Handfesseln aus Eisen zeigte und deren Anwendung beschrieb, wobei er am Ende seiner Ausführungen die für mich einerseits spannende, aus bekanntem Grund jedoch andererseits peinliche Frage stellte, wer denn bereit wäre, ein Paar mittelalterliche Handschellen, die er demonstrativ hoch hielt, sich von ihm anlegen lassen möchte.

Wie gesagt, obwohl genau dies mein Metier ist – absolut nicht das Foltern, aber umso mehr das Fesseln in allen erdenklichen Formen, mit allen möglichen und unmöglichen dafür geeigneten Utensilien – erschien mir diese Frage unangenehm; wahrscheinlich deshalb unangenehm, da ich mich diesem Gefühl nicht erwehren konnte, dass just in dem Moment, da der Burgführer diese, im alltäglichen Sinne doch ungewöhnliche Frage stellte, alle in diesem Verlies Versammelten in trauter

Einigkeit, im Zuge eines alle vereinigenden, fast schon verschwörerischen Wissens, auf mich blicken, ja auf mich zeigen würden, um klarzustellen, dass nur ich für dieses Experiment in Frage kommen könne. Zusätzlich wartete ich regelrecht darauf, dass meine neben mir stehende Lebensgefährtin, welche meine Passion gut kannte, wenngleich sie diese in keiner Weise teilte, mich mit dem Hinweis anrempeln würde, dass ich mich doch melden sollte, um hier vor allen zu zeigen, von welcher Natur meine Wesenszüge sind und in

welche Niederungen einer Burg meine Obsessionen mich zu führen im Stande waren.

Dieser Bruchteil einer Sekunde war verstrichen, ohne dass ein von mir in Erwägung gezogenes Geschehnis eingetreten wäre, als stattdessen eine junge Frau ohne zu zögern die Hand hob und mit wirklich freudigem — das war keine Einbildung - Gesichtsausdruck kundtat, dass sie die Fesselung ihrer Hände, die sie nun bereitwillig dem (glücklichen?) Fragesteller entgegenstreckte (warum bewerbe ich mich nicht als Fremdenführer in einer Burg?), jetzt gerne erleben möchte. Ihre Bitte wurde sofort erfüllt, wodurch sie nach ein paar kurzen Sekunden mit nach oben gehaltenen Händen, die durch rustikale Handschellen ansehnlich gefesselt waren, im Verlies stand und so die Herrlichkeit der freiwillig in Eisen gelegten Handgelenke einer Frau demonstrieren konnte. Sie stand da wie eine inmitten der Inquisition der mittelalterlichen Kirche Gefangene, hübsch anzusehen, ein freudiges Lächeln auf den Lippen — was der These bezüglich der Inquisition entgegensteht — keineswegs ordinär oder abstoßend, so schön anzuschauen, dass ich mich bemühte, sie nicht auffällig intensiv zu betrachten, um den Eindruck zu vermeiden, die Gefesselte könne vielleicht mich

fesseln - was sie natürlich in der Tat machte.
Zumindest war dies mein Eindruck ihres Tuns. Ob die im Kreis

Zauberwald

Im Blockhaus, nahe dort beim Wald
- sie war davon besessen —
habe ich sie festgeschnallt,
festgezurrt, bar von Gewalt,
korrekt und angemessen.

Es peitscht der Regen an die Scheiben,
bei jedem Atemzug Sie stöhnt.
Gefesselt möchte sie es treiben,
mit dem Knebel darf sie schweigen,
die Gasmaske sie wahrlich schönt.

Nichts hält sie fest in weichen Betten,
erwünscht sind Ösen, Schellen, Schnallen;
er fesselt sie, der Reiz der Ketten,
die Obsessionen sind wie Kletten,
das Blut bringen nur sie zum Wallen.

Sie ist nicht nackt, weil sie sich traut,
weil es gut tut und sie ziert
zu tragen eine Gummihaut.
Intimer war sie nie verstaut,
Erotik geht nur ungeniert.

Gefesselt von der Phantasie,
an einem Bettgestell fixiert,
überzogen von Magie
in einer Latex-Galaxie,
sind sie beide fasziniert.

anwesenden männlichen, eventuell auch weiblichen Besucher
ihren Gesichtern Begeisterung verliehen, weil sie hierdurch
einen geschichtlichen Diskurs anschaulich aufbereitet
bekommen hatten, oder einfach nur deshalb, weil diese junge
Frau den Mut aufgebracht hatte, sich hier vor allen Teilnehmern
opferte, um sich für eine derartige Demonstration zur
Verfügung zu stellen, habe ich in diesem Moment nicht
entknotet. Vielmehr stellte ich ganz andere, für mich typische
Sachverhalte in Erwägung: macht die das bloß so, ohne irgend
einen direkten Hintergrund zu haben?; meldete sie sich, weil sie
Aufmerksamkeit im allgemeinen Sinn auf sich lenken wollte?;
zeigt sie an, gefesselt zu werden, um zu demonstrieren, ich bin
für solche Spiele bereit, vielleicht findet sich an diesem Ort
jemand, der mich versteht, deshalb bin ich schließlich hier?; war
es eventuell „nur" eine Studentin der Geschichte, für die es aus
allen erdenklichen Gründen, außer solcher der erotischen Art
wegen, wie ich sie mir ausmalte, normal erschien, sich für diese
Darstellung historischer Tatsachen zur Verfügung zu stellen?
Ich habe es nie erfahren.
Ein anderes, für einen jungen Menschen, der ich damals mit
etwa 16 Jahren war, peinliches Ereignis der besonderen Art
wird mir immer in Erinnerung bleiben.
In meinem Zimmer hatte ich mir bis zu jener Zeit ein kleines
Sortiment an Dingen zugelegt, die meinen sexuellen
Leidenschaften zuträglich waren.
Die Konturen meiner erotischen Vorstellungen wurden immer
deutlicher erkennbar, parallel dazu entwickelte sich immer s was
ebenfalls von einem erotischen Grundgedanken her zeugte.
tärker der Wunsch, endlich eine feste Freundin zu bekommen,

*Viele Menschen verbergen sich unter einer Maske, sobald sie aus dem Haus
gehen. Andere wenige machen dies, wenn sie nach Hause kommen.*

Die Sachen, welche mir zur Stimulierung und zur Befriedigung meines sexuellen Triebes – neben meiner ausschweifenden Phantasie – unabdingbar erschienen, waren ein halbes Dutzend Gummischürzen, zum Teil in rotbrauner, zum Teil in schwarzer Farbe; ebenso viele Paare von Gummihandschuhen, darunter die wunderbar weichen Handschuhe aus transparentem Latex, welche meine Großmutter aus dem benachbarten Krankenhaus mit Nachhause gebracht und ich mir heimlich angeeignet hatte; einige Badekappen in verschiedenen Farben, alle mit intensivem Gummigeruch; eine Gasmaske , deren dicker, grünlich-grauer Gummi ebenfalls einen hervorragenden, speziellen Gummiduft verbreitete und welche sich durch ein Verstellband an der Rückseite der Maske herrlich eng hatte einstellen lassen, so dass der Kopf von diesem weichen Material regelrecht „umarmt" wurde; mehrere Betteinlagen, die aus dem gleichen Gummi bei der gleichen Farbe wie die Schürzen gefertigt waren; ein paar Plastik - Regenmäntel, die, zwar nicht aus Gummi, so doch immerhin den Schnitt eines Kleidungsstückes mit Ärmeln hatten, eine angenehm glatte Oberfläche aufwiesen und bis hinunter an die Füße reichten, so dass ich mich auch von diesen Teilen gut bekleidet fühlte; verschiedene Seile von unterschiedlicher Länge und Dicke, Ledergürtel, Lederschnüre, lange Kofferriemen sowie auch schon ein paar Metallketten nebst kleinen Vorhängeschlössern. So also sah mein Fundus aus, der mich immer wieder aufs Neue in Begeisterung versetzte, mit dem ich mich ins Bett legte, um zu träumen, zu fühlen, mich auf verschiedene Weisen zu erregen und – natürlich – zu masturbieren. Diese Rituale umrahmten mein Dasein gleichsam

Das Tragen einer vollständig geschlossenen Maske verhindert das Sehen mit den Augen, eröffnet aber umso mehr dem Blick der Sinne ungeahnte Aussichten.

wie regelmäßiges Essen und Trinken oder das ebenfalls Lebensnotwendige Atmen.

Es war für mich ein ehernes Gesetz, diese meine Fetische versteckt und unter strengstem Verschluss aufzubewahren, was ich in einem selbstgebauten, mit einem Vorhängeschloss zu sichernden Schrank tat. Es wäre für mich ein seelisches Desaster gewesen, hätte ein Mitglied der Familie oder einer meiner Freunde, welche mich hin und wieder in meinem Zimmer besuchten, Kenntnis von diesen absolut intimen Sachen bekommen. Dieses Missgeschick sollte aber nicht geschehen. Es kam noch besser. Immer, wenn ich mich in mein Zimmer zurückzog, was bei weitem nicht nur des Abends oder bei Nachts geschah, war das Verschließen meiner Tür meine erste Amtshandlung. Meine Großmutter wohnte gleich nebenan und es war nicht ausgeschlossen, dass sie mal bei mir eintrat, ohne sich vorher bemerkbar gemacht zu haben. Wieder einmal, an einem Nachmittag, da die Lust, der regelmäßig erscheinende, gnadenlos schöne Trieb, meine Schritte unweigerlich in mein Zimmer lenkte, kleidete ich mich, kaum in diesem angekommen, aus, und zog - diesmal sollten es diese sein - die rotbraunen Gummischürzen an. Also zuerst legte ich eine Schürze verkehrt herum an, so dass diese nicht den vorderen Teil des Körpers, sondern den Rücken bedeckte, um anschließend die zweite Schürze auf normale Weise anzulegen, wodurch die Rückseite des Körpers ebenfalls mit Gummi verhüllt war, was bei einer Schürze allein nicht möglich ist. Gummi aber wollte ich unbedingt überall am Körper spüren. Ja, und dann war es soweit. Gerade in dem Moment, als ich die zweite Schürze mit dem Band, welches um die Taille verlief, festzurrte, ging meine

Sollte ich jemals mit dem Gesetz in Konflikt geraten, dann sicher nicht wegen der Missachtung eines Gummiparagraphen.

Zimmertür auf – ich Unglückseliger hatte vergessen, sie zu verschließen, das Wichtigste am ganzen Prozedere hatte ich vergessen!, und im selben Augenblick stand meine Großmutter im Raum, schlappe zwei Meter von mir entfernt – und war sprachlos.

Das Gefühl, diese mich in ihren Besitz reißende, unsäglich schreckliche Empfindung, die in ganz kurzer Zeitspanne folgte, vor welcher ich gerade noch in Vorfreude geschwelgt hatte und nun, fast gleichzeitig, in schlimmster Weise, die eine Überraschung zu leisten vermag, dort herausgerissen wurde, um in einen Zustand des Verzweifelns, der Wut, der unsagbaren Scham geworfen zu werden, lässt sich nur unvollständig beschreiben. So etwas müsste ein jeder selbst erleben, wollte er sie in ihrer gewaltigen Wirkung verstehen. Meine Großmutter sah mich ungläubig an, ihre Verwunderung war augenscheinlich, jedoch sagte sie kein Wort. Ich hingegen forderte sie mit lautem Ton bei unsicherer Stimme auf, mein Zimmer zu verlassen, was sie auch sofort tat. Dieser Moment war einer der peinlichsten in meinem bisherigen Leben. Ich fühlte mich schrecklich, hatte Schulgefühle und ärgerte mich maßlos über meine Nachlässigkeit, die Tür nicht verschlossen zu haben. Etwa ein bis zwei Jahre später war ich eines Tages von meiner Mutter überrascht worden, als ich mit einer damaligen Freundin, wir beide völlig nackt, in meinem Zimmer mit intensivem Sex beschäftigt waren. Auch diese Situation erschien mir (uns) damals peinlich, jedoch war sie in keiner Weise vergleichbar mit

dem eben geschilderten Vorfall, da ich mich allein in meinem Zimmer befand, beschäftigt und bekleidet mit einer Gummischürze. Zu meiner unendlichen Erleichterung hatte diese Begebenheit keinerlei Folgen, was heißt, dass niemals, von

Nicht aus der Haut fahren. Es ist viel besser - in die Haut zu fahren.

keinem und keiner darüber gesprochen wurde. Vielmehr merkte ich, dass niemand anderes von der Familie vom Geschehenen in Kenntnis gesetzt worden war, was besagt, dass meine Großmutter dichtgehalten hatte und somit in ihrer Wertigkeit für mich nochmals gestiegen war.

Dieses Ereignis, welches eine nachhaltige Wirkung auf mein Empfinden ausgelöst hat, werde ich niemals vergessen. Doch auch folgendes Erlebnis hätte in nicht alltäglicher Peinlichkeit enden können.

Was würden Rettungssanitäter, Arzt und Polizisten wohl denken, würden sie Zeuge, wie jemand, dem nach einem Verkehrsunfall die Jacke geöffnet wurde um ihm Erste Hilfe zu leisten – unter seiner „normalen" Kleidung auf einen Gummianzug trägt? Soweit ist es zum Glück nicht gekommen. Doch es hätte es passieren können, als ich eines Abends von unserer derzeitigen

Wohnung in die neue, noch zu renovierende fuhr, um nach dem Feuer im Kachelofen zu sehen, welches brannte, um den am folgenden Tag tätig werdenden Handwerkern beim Einbau der neuen Heizung ein warmes Haus zu bereiten. Ich hatte, wie damals oft üblich, bereits einen Gummi-Einteiler übergezogen, als mir diese noch fällige Tätigkeit plötzlich einfiel. Ich war einfach zu faul, den inzwischen angenehm aufgewärmten Anzug abzustreifen, und so kam mir der Gedanke, darüber einen Trainingsanzug zu ziehen, welcher die verfängliche Kleidung verdecken und mich ausreichend kleiden würde. Die zu fahrende

Strecke war nicht weit und nur wenig frequentiert, so dass mich keinerlei Bedenken plagten, dass es während meiner Unternehmung, bewirkt durch einen unvorhersehbaren Zwischenfall, zu einer Situation hätte kommen können, in welcher ich auf für mich unangenehme Art und Weise hätte

Ein geknebelter Mund kann Bände sprechen.

kompromittiert werden können.

Kompromittierend hingegen kann es werden, wenn man es sich zur Gewohnheit gemacht hat, Zuhause seine Gummiutensilien einfach so liegen zu lassen. Das geschieht nicht aus fehlendem

Garten Eden

Er hatte Angst sich zu blamieren,
sollte er sie wirklich bitten
von Kopf bis Fuß sich zu gummieren,
entgegen sonst gewohnter Sitten?

Unvorstellbar ist ihr Schmachten;
wahrscheinlicher doch jene Art,
den Perversen zu verachten,
der in Gummi sich nur paart.

Doch Möglichkeiten gibt es viele,
was zu zweit man machen kann.
Dazu gehören Fesselspiele:
Mann mit Frau und Frau mit Mann.

Sollte, was kaum zu erwarten,
sie beides wollen – dazu mit Liebe,
es wäre wie im Garten Eden
ein Apfelbaum für meine Triebe.

Ordnungssinn, vielmehr liegt darin ein gewisser Reiz, diese Sachen im Blickfeld zu haben, als wären sie für das Funktionieren des Haushaltes und des Wohlbefindens unentbehrlich. Ich kann mich noch genau erinnern, wie ich mir als Jugendlicher der Vorstellung hingegeben hatte, dass ich später einmal, als Erwachsener, in meiner Wohnung einen Schrank mir zuzulegen gedachte, in dem ich meine gesamten Kleidungsstücke aus Gummi wie auch mein gesamtes Equipment zum Fesseln unterzubringen gedachte, ohne sie irgendwo in geheimster Art und Weise verstecken zu müssen. Diese Träumereien beinhalteten ebenfalls die Tatsache, dass über dem Stuhl oder auf dem Sofa eine Gummihose oder ein paar Handschellen durchaus mal liegenbleiben durften, ohne sie aus Angst, es könnte unverhofft jemand reinkommen, ständig in irgend einem Versteck zu lagern. Genau so hielt ich es später auch und tue dies bis zum heutigen Tag. Damals geschah dies nicht ständig, sondern in überschaubarem Maße, da ich froh sein konnte, dass meine Mitbewohnerin sich zu gewissen Zugeständnissen hatte hinreißen lassen. So geschah es, dass ich meinen schwarzen Gummianzug (für die holde Weiblichkeit hatten wir keinen, weil sie keinesfalls dazu bereit gewesen war, einen solchen irgendwann einmal zu tragen) im Schlafzimmer auf dem Bett, in ausgebreitetem Zustand, fast so, als würde jemand in ihm stecken, drapiert hatte. Nun ist das Schlafzimmer ein Raum, in dem Freunde oder Bekannte nicht einfach so erscheinen sollten, außer, die Frau möchte einer Bekannten das Haus zeigen, welches wir erst seit kurzem gekauft bzw. renoviert hatten. Sie ahnte nicht, dass ich meine „Freizeitkleidung" aufs Bett gelegt hatte, weswegen sie unsere gemeinsame Bekannte

Im Englischen heißt es beim Autobau „safety for dessign", bei Fesselspielen muss es heißen „safety for fun"

guter Dinge in den Schlafraum führte, um ihr auch unseren intimen Wohnbereich zu demonstrieren. Diese wiederum hatte, als sie in Richtung Bett geschaut hatte, nur ungläubig gestutzt, hat sich jedoch, höchstwahrscheinlich einer gewissen Unsicherheit geschuldet, mit keinem Ton dazu geäußert, was wohl das schwarz glänzende Ganzkörperkondom in dem Doppelbett zu suchen habe.

Soweit zu einigen Begebenheiten, welche sich unter der Rubrik „peinliche Vorfälle" einordnen lassen, die ich somit ab der Seite 78 bis hierin beschrieben habe.

Die permanente Dominanz der sexuellen Vorlieben

Von erotischen Begebenheiten, erwachsen aus meinen sexuellen Vorlieben, die über annähernd den gesamten Zeitraum meines Lebens, bis heute, nicht nur unentwegt mich begleitet haben, sondern mein sexuelles Verhalten und Handeln fast kompromisslos bestimmt haben und dies nach wie vor noch tun, sollen die nun folgenden Ausführungen ein weiteres Bild zeichnen. Ein Bild, welches bei weitem nicht nur in bunten Farben erstrahlt, sondern auch einige Schattierungen neben schwarzen Flecken in seinem annähernd sechzig Jahre alten Rahmen zeigt.

Auf positive wie negative, ja gesundheitsgefährdende und gefahrvolle, wie auf bezaubernde Ereignisse will ich eingehen. Ich will berichten über verschiedene Praktiken, die in einer Partnerschaft, je nach Lust und Laune als aktiver oder passiver – in jedem Falle aber genießender – Part geschehen können, oder auch allein im autoerotischen Spiel, welches aus unterschiedlichen Gründen passieren kann.

Gummikleidung wirkt auf mich wie ein erquicklicher Quell der Erotik

Schon von Kindesbeinen an war ich ein auf Hautberührungen besonders reagierender Mensch, ein ausgesprochener Homo hapticus. Von maßgeblicher Bedeutung für den Grad des Empfindens war dabei die Qualität der Oberfläche. Je weniger Widerstand eine reibende oder streichelnde Bewegung erfuhr, desto angenehmer war die Berührung. So berührte ich gern alle möglichen Gegenstände mit glatten Flächen, wobei die meisten sich nur als Handschmeichler eigneten. Ein Tuch aus Gummi beispielsweise konnte ich mir dagegen zusätzlich um den Körper wickeln oder mich nackt drauflegen, sodass ich mehr der zum Erfühlen notwendigen Hautfläche preisgab und allein dadurch das Berührungserlebnis steigerte. Weiterhin unterschied sich Gummi zu anderen Materialien, wie beispielsweise PVC oder Folie, in angenehmer Weise durch den - nur diesem Stoff eigenen - berauschenden Geruch, aber auch durch die einzigartige Geschmeidigkeit und Elastizität sowie durch die wunderbare Weichheit.

Ich lebte damals in einer seit mehreren Jahren während Beziehung mit einer Frau zusammen. Ich glaube sogar sagen zu dürfen, dass diese Beziehung keine schlechte Beziehung war, und das auch in sexueller Hinsicht. Nun ist so eine Bewertung immer individuell zu betrachten, also in diesem Falle wären dazu zwei Meinungen erforderlich. Denn nicht immer – vielleicht bei weitem nicht immer – kann dann, wenn der Mann sich kurz aber ausreichend amüsiert hat, die beteiligte Frau sich ebenso „glücklich", also zufriedengestellt fühlen, wie es beim gemeinsamen sexuellen Handeln angebracht wäre. Doch wenn man ein, nennen wir es ein offenes Verhältnis zu sexuellen Themen, namentlich zu den eigenen sexuellen Themen, pflegt (also so, wie es zwischen uns beiden sich verhalten hat,

Er nimmt sie nur zu gern unter seine Fetische …

gleichsam dies bei Zusammentreffen mit Bekannten, sollte es sich so ergeben haben, verbal gelebt wurde), dann dürften also beide Beteiligten, und zwar jeweils aus erster Quelle, über die Qualität des gemeinsamen Verkehrs zur Genüge im Bilde sein.

Und da ich mich an dieses Bild noch ganz gut erinnere, komme ich zu oben geäußertem Ergebnis – was allerdings nicht vollständig bis zum trennenden Ende unserer Beziehung zutrifft, sondern seit mindestens einem Jahr davor mit diesem Prädikat nicht mehr in Einklang zu bringen war.

Ein Nachteil einer sehr starken Fixierung auf bestimmte sexuellen Praktiken wie auch die Unentbehrlichkeit von Fetischen, beispielsweise von bestimmten Materialien, ist das mögliche Einsetzen erektiler Dysfunktionen – genau dann, wenn eben diese Voraussetzungen fehlen. Auch ein Wechsel der Lebenspartnerin kann in Hinsicht auf die erektile Leistungsfähigkeit eine regelrechte Zäsur bedeuten, weil sich über Jahre ganz bestimmte Rituale entwickelt und festgesetzt haben, die inzwischen für das Erleben - und das Ermöglichen - von Sexualität, unentbehrlich geworden sind. Dass die neue Partnerin es durchaus wert ist geliebt zu werden, weil sie begehrenswert ist und sie dir wirklich gefällt, ist nicht ausreichend. Nicht ausreichend für das Entstehen einer notwendigen Erregung, welche letztendlich die Voraussetzung für eine erforderliche Erektion ist und dadurch erst eine gewollte Paarung ermöglicht.

Für einen Menschen wie mich, der über viele Jahre hinweg an ganz bestimmte Verhaltensmuster gewöhnt ist und nach wie vor von dieser seiner bestimmten Vorliebe, einem ausgeprägten Gummi- und Fessel – Fetisch, beherrscht wird, kann genau diese Obsession plötzlich ins Gegenteil umschlagen und zur Geißel

Er fesselte sie stets mit einer besonderen Arithmetik.

werden. Zu einer Geißel, von der man trotzdem nicht lassen möchte – und nicht lassen kann! Vielleicht verhält es sich mit dieser Sache gleich allen Dingen und Begebenheiten, dass alles Existierende wie Geschehende auf der Welt immer auf einen Ausgleich bedacht ist, wo viel Freud da auch viel Leid.

Das, was einen immer so viel bedeutet hat richtet sich plötzlich gegen einen. Dieser Katalysator der Lust, über viele Jahre

entwickelt zum unverzichtbaren Hauptakteur beim erotischen
Spiel, bewirkt nun, da er nicht mitspielen soll, eine fehlende
Erektion. Beim Versuch, mit einer neuen Partnerin sich genital
zu vereinigen, verhindert er also die Durchführung des intimen
Sexualverkehrs. Das ist nicht nur unschön, nein, es erzeugt ein
total unangenehmes Gefühl; das ist peinlich, das ist erniedrigend
für die enttäuschte Frau, das ist erniedrigend für dich selber, das
ist so ziemlich das Letzte, was dir in der Phase des sexuellen
Kennenlernens mit der neuen Partnerin passieren kann. Was
nutzt es, dass ich weiß, dass ich diese Frau begehre, dass ich sie
nehmen möchte, kann es aber nicht zeigen, bin nicht in der Lage
dies zu tun. Welche Frau soll dir das glauben, soll dir abkaufen,
dass du sie wirklich begehrst, obwohl die natürlichen Anzeichen
dafür ausbleiben? Ich selbst hätte über die ganzen Jahre
hinweg, während denen ich meine sexuellen Präferenzen
annähernd uneingeschränkt ausleben konnte, nie geglaubt, dass
sich dieses Verhalten zur völligen Abhängigkeit entwickelt, ohne
dessen ich zur Herbeiführung einer brauchbaren Erektion nicht
mehr fähig werde sein können.
Meine damalige, langjährige Partnerin also hatte meine
Vorlieben nicht, oder korrekt gesagt, nur geringfügig geteilt,
aber sie tolerierte weitgehend meine Aktivitäten. Das ist mehr,
als manch einer in vergleichbarer Lage sich vorzustellen wagt.

Der Ballknebel, den sie umgeschnallt hatte, machte mich sprachlos.

Ich konnte jederzeit zu Hause Gummikleidung tragen, ohne
dass es deshalb Einwände ihrerseits gegeben hätte. Wenn ich
also meine Mittagsruhe im Gummianzug genossen habe, musste
ich mir deswegen keine Vorwürfe anhören. Las ich ein Buch
oder sah fern, ja auch wenn wir uns zusammen bei einem
Kartenspiel vergnügten, währenddessen ich auf meinen Fetisch
nicht verzichten wollte, dann wurde dieser Zustand überhaupt
nicht thematisiert. Während gewisser Phasen, die ich in Bezug

auf die Berechenbarkeit, sprich der Häufigkeit und der Dauer,
richtigerweise als ungewiss bezeichnen sollte, ließ sie sich sogar
zum Tragen bestimmter Kleidungsstücke aus Latex überreden.
Aus eigenem Antrieb ihrerseits heraus ist dies, soweit ich mich
erinnere, nur höchst selten geschehen (man soll eben bestimmte
Dinge nicht ständig bekommen dürfen) und trotzdem führten
diese Momente zu einer ganz besonderen, außergewöhnlichen
Atmosphäre. Ich war damals, und bin übrigens auch heute noch
der Meinung, dass „sexuelle Hygiene" nicht das Benutzen eines
Kondoms bedeutet, sondern vielmehr die klare Bezeichnung der
eigenen sexuellen Präferenzen darstellt. Und weil sich eine Hand
allein nicht wäscht, sollte über diesen Status unbedingt die
Partnerin bzw. der Partner in Mitwisserschaft gezogen werden.
Darin könnte sich sogar die Möglichkeit verbergen, dass
plötzlich und völlig unerwartet nie erahnte Gemeinsamkeiten
des Paares, so sie denn vorhanden wären, zu Tage träten und

*Der eigene Gummianzug ist ein individuell maßgeschneiderter, isolierender
Raum, ein sich hermetisch verschließendes,   dickwandiges,   die
Körperflüssigkeiten bewahrendes Ganzkörperkondom, welches nicht nur den
Körper als solchen, sondern gleichsam die jeweiligen Körperteile wie Arme,
Beine, Hände, Füße, Kopf, die Finger und möglichst auch noch jede
Fußzehe einzeln umschließt, sowie die ganz persönliche, tiefliegende
Gedankenwelt auf befreiende Weise zum Vorschein bringt.*

Somit der Mut zur Ehrlichkeit gleich doppelt belohnt würde.
Die Wirklichkeit allerdings lässt es nur selten zu, die eigenen
Wünsche mit den Vorstellungen des Gegenübers einfach und
ebenmäßig in Einklang zu bringen. Es könnte alles enden, bevor
es überhaupt begonnen hat, und zwar dann, wenn du nach einer
relativ kurzen Phase des gegenseitigen Kennenlernens deine
Vorstellung auf den Punkt bringst, indem du dem auserwählten
Wesen, welches deinen charakterlichen wie auch optischen
Vorstellungen zu entsprechen vermag, mitteilst, dass es für dich

unentbehrlich ist, in privatem Umfeld hin und wieder, auch öfter, möglichst aber immer Gummikleidung verschiedenster Ausführungen zu tragen, und du es außerdem für angebracht fändest, wenn es – das auserkorene Wesen – dagegen keine Einwände vorzubringen hätte, ja besser noch, wenn es selbst Neugier oder gar Gefallen am Tragen solcher Art Kleidung finden sollte. Und außerdem, das kommt zu allem noch hinzu, bereitet es dir höchste Wonnen, ließe sie sich dazu ermuntern, dich, vorzugsweise in derartiger Aufmachung, nach allen Regeln der Kunst zu fesseln, beziehungsweise sich selbst, diesmal natürlich von dir, nach bester Manier fesseln zu lassen…

Das sollte in den meisten Fällen ausreichen, um nicht nur das frauliche Wesen in die Flucht zu schlagen, sondern ebenso jeden, der solche sexuellen Verwerfungen nicht kennt und mit diesen um Himmels Willen auch niemals Bekanntschaft machen möchte.

Dabei ist es doch ganz anders: Auch ein Mann mit dieser speziellen Veranlagung, nämlich durch das Tragen von Gummikleidung und darüber hinaus durch das Einbeziehen von Fesselspielen sexuell erregt zu werden, ist mit dem natürlichen

Der weiche Gummi vermag es, die haptischen Empfindungen entscheidend zu schärfen

Hang behaftet, eine Frau in den Mittelpunkt seiner Sexualität zu stellen (oder einen Mann, bei gleichgeschlechtlichen Paaren, also jedenfalls einen Menschen). Trotz dieser speziellen erotischen Ausrichtung, die sich keiner selbst ausgesucht hat, die, vielleicht lange bevor der erste gutgemeinte Klaps der Hebamme den erwarteten Schrei bewirkte, die jetzt, also nach dem ersten Klaps auf den Po, einen entscheidenden Teil bei der persönlichen Entwicklung auf dem Weg zum Erwachsenwerden bildet, die zu deiner Person gehört und ihr zum individuellen Charakter verhilft, bleiben doch auch noch andere

Eigenschaften deinem Wesen eigen. Diese anderen „guten" Eigenschaften mögen zwar fest und unabänderlich mit den „schlechten" Veranlagungen verwurzelt sein, müssen jedoch nicht auf jeder Lebensebene etwas miteinander gemein haben und darüber hinaus in ihrer Gesamtheit viel häufiger in Erscheinung treten als jene absonderliche sexuelle Ausrichtung - weshalb sie nicht nur ebenbürtig, sondern höher bewertet werden sollten. Und genau hier beginnt die Realität dir zu zeigen, dass der Unterschied zu einer „normalen Beziehung" – was immer das sein möge - keine Angelegenheit von einer gewissen Toleranz, als vielmehr die Frage nach der subjektiven Machbarkeit an sich ist.

Mein sexuelles Verhalten vom Kindesalter bis zur Gegenwart

Über meine grundlegenden sexuellen Ambitionen als Kind und Jugendlicher habe ich einiges bereits im Abschnitt „Warum Gummi" ab S. 9 gesagt. Bei mir begann im Alter von etwa 12 Jahren die Selbstbefriedigung verstärkt unter Verwendung von

Manche Spiele fesseln mich ungemein. Besonders Fesselspiele.

Phantasiebildern abzulaufen, was sich in Bezug auf die Qualität der Bilder sowie die Anzahl des Selbstbefriedigungsaktes kontinuierlich steigerte. Nach 4 bis 5 Jahren zog es mich mitunter mehrmals täglich ins Bett, um Genüsse zu erleben, die ich absolut reizvoll fand. In den Bildern, welcher ich mich aus meinem unerschöpflich scheinenden Fundus meiner Phantasie bediente, als würde ich ein Fotoalbum aufschlagen oder einen Videoclip anschauen, war Gummikleidung für beide Teilnehmer meiner Träumereien , also für mich wie fürs weibliche Wesen fast immer das entscheidende Element, wobei meine Vorstellungen bei weitem nicht an das heranreichten, was ich später in verschiedenen Medien sah bzw. was ich zu gegebener Zeit an Literatur oder entsprechendem Zubehör selbst erwerben konnte. Dazu gesellten sich Bilder von Fesselungen, aber Anfangs nur solche des weiblichen Parts. Zu Beginn dieser autoerotischen Handlungen haben schon „geringe Mengen" der jeweiligen Vorstellung genügt, um mich in Ekstase zu versetzen. Mit der Zeit sind die Menge – in der Art der Bilder wie auch in der tatsächlichen Anzahl der Handlungen immer mehr geworden. Bestimmte Obsessionen haben sich sogar abgenutzt, sind alltäglich oder gar langweilig geworden und wären damit nicht mehr ausreichend gewesen, um den unverzichtbaren Orgasmus herbeiführen zu können, womit dieses Phänomen dem Sexualverhalten mit einer festen Partnerin ähnelt, wenn keine Abwechslungen ausprobiert werden. Ja, es war tatsächlich so, dass eine rein mechanische Stimulierung meines Penis nicht gereicht hätte, um meine Gefühle über den Gipfel der Lust zu befördern, eben dorthin, wo letztendlich jede sexuelle Handlung ihr alleiniges Ziel sucht.

Während des Streichelns seines mit Gummi überspannten Körpers wurde ihr klar: Du bist mein Handschmeichler.
Was die Benutzung von greifbar stimulierenden Mitteln betraf, genügten mir anfangs schon ein paar Gummihandschuhe oder eine Gummischürze, um meinen sexuellen Pegel auf Hochtouren zu bringen. Im Laufe der Zeit wurden diese Utensilien immer mehr, allerdings wegen permanenter Mangelerscheinungen ständig der Phantasie hinterher hinkend, so dass ich mich, um beispielsweise einen Anzug aus Gummi zu kaschieren, zur ersten, normal angelegten Gummischürze eine zweite, diesmal verkehrt herum umgebundene Schürze benutzte und schließlich gar noch eine dritte, um diese als „Beinkleider" zu benutzen, so dass ich auf diese Weise annähernd das ersehnte Gefühl erlangte, vollständig von Gummi umfangen zu sein (s. S. 29). Bei diesen Aktionen war ich mit Hilfe meiner

Phantasie selbstverständlich komplett in einen echten Anzug aus Gummi mit angesetzten Handschuhen, Füßlingen sowie einer Maske gehüllt.

Zur weiteren Steigerung kombinierte ich diese Kostümierung teilweise mit einer Selbstfesselung, welche ich nach und nach so perfektionierte, dass sie nach Art und Weise einer Fesselung durch eine zweite Person fast ebenbürtig war.

Solche autoerotischen Fesselungen können, wie selbstverständlich auch solche durch einen anderen Teilnehmer durchgeführte, hochgefährlich, ja gar lebensbedrohlich werden, was noch zu besprechen sein wird. Eigenartig bei diesen Praktiken war, dass ich mein Glied fast ausschließlich ohne das Benutzen meiner Hand stimuliert habe. Ich lag generell auf dem Bauch und habe meinen Penis immer auf etwas Glattem gerieben – wenn möglich Gummi, aber auch Lack, Folie oder ähnliches kamen zur Anwendung. Jeder kennt die ordinäre

Ein spezieller sexuelle Trieb gräbt sich durch das Gehirn und schafft dadurch Stollen, die unweigerlich im Fesselzimmer enden

Handbewegung von Männern, wenn sie die Hand in Höhe des Schrittes platzieren und mit halb geöffneten Fingern diese hin- und her - Bewegung demonstrieren, was nichts anderes als das Wichsen des eigenen Glieds bedeutet, für mich jedoch noch nicht mal als symbolisches Zeichen zur Anwendung kam. Diese Praxis war bei meinen autoerotischen Handlungen nie ein Thema. Das hatte jedenfalls den Vorteil, dass ich die zu meiner Selbstbefriedigung führenden Friktionen auch mit auf den Rücken gefesselten Händen bewerkstelligen konnte, was immer einen zusätzlichen Kick bewirkte. Es war nur eine Frage der Übung und Ausdauer – beides investierte ich für dieses Spiel nur zu gern - bis ich mit Hilfe des Mundes einen mehrfach um beide Handgelenke gewundenen Riemen straff zog und verschließen konnte, um anschließend durch das Heranziehen des Körpers meine Beine, die ich vorher an den Fußgelenken und oberhalb der Knie straff verschnürt hatte, durch die gefesselten Arme hindurch zustecken (gelenkig genug dafür war ich) und dann noch über das Becken schnappen zu lassen. Hier lauert übrigens schon eine Gefahr, denn diese Bewegung funktioniert in beschriebener Weise noch ohne größere Mühe, während sie in umgekehrter Reihenfolge durchaus unmöglich sein kann, was heißt, dass du dich von jemand anderen befreien lassen müsstest – sollte dieser überhaupt erreichbar sein - was ohne Frage eine ausgesprochen peinliche Angelegenheit werden dürfte. Oder aber du hast in Reichweite entsprechendes Werkzeug wie Messer, Schere, Bolzenschneider und ähnliches deponiert. Ich weiß aus Erfahrung, dass diese Maßnahmen unerlässlich, mitunter sogar lebensrettend sind. Dazu ein kleines

Je schmaler der Grat ist, welcher die beiden erlebnisrelevanten Komponenten Hilflosigkeit und Sicherheit trennt, desto höher ist der Grad der sexuellen Erfüllung.

Beispiel: Wir gehen davon aus, dass der Körper in einem Gummi - Komplettanzug steckt. Man fesselt sich selbst die Beine an zwei oder drei Stellen zusammen, was mit Seilen, Leder- oder Gummischnüren, mit Lederriemen, Spanngurten, Ketten oder richtigen Fußschellen geschehen kann. Nun werden die Füße am unteren Ende des Bettes zusätzlich fixiert, beispielsweise mit einer Kette, die durch ein Schloss gesichert wird. Um eine konsequente Fesselung zu erreichen, schnallst du dir einen Ballknebel um und ziehst darüber eine Gummimaske, die meinetwegen Öffnungen für die Augen und die Nase besitzt, und streifst wahlweise, da es ja nie genug sein kann, noch eine Gasmaske darüber, welche mittels eines Halsriemens einen unverrückbaren Sitz erhält. Nun wird durch den Ring des Halsriemens ebenfalls eine Metallkette gezogen und diese, nachdem man die voll ausgestreckte Position eingenommen hat, an der Vorderseite des Bettes mittels eines Vorhangschlosses befestigt (ein Bett mit Eisengestell eignet sich hierfür hervorragend). Jetzt ist die Erregung schon groß, die Bauchlage ist eingenommen – nun braucht es zur kompletten Fixierung nur noch die Handschellen, die, vorsorglich in Griffweite platziert, angelegt werden müssen, was sich auch kinderleicht mit auf den Rücken befindlichen Händen durch das Einrasten der Bügel ausführen lässt. Klick. Und schon ist es zu spät. In der Phase der Erregung vergisst man sehr schnell die zur Befreiung notwendigen Vorkehrungen. Deshalb muss immer **vor** dem Fesselspiel,

erst recht, wenn man allein ist, bedacht werden, dass man am Ende des Spiels, oder auch zwischendurch jederzeit in der Lage

Heavy rubber ist schweres Gummi und lässt sich schwer tragen. Ich erledige das aber gerne, diese Last zu tragen, weil sie mich in Schwerelosigkeit versetzt.

sein muss, sich ganz schnell und einfach befreien zu können. Das ist eine unerlässliche Vorsichtsmaßnahme. Es kann mal eine Maske verrutschen oder ein Ventil bei einer solchen nicht mehr funktionieren, sodass dir nur ein paar Sekunden bleiben, um wieder an die lebensnotwendige Atemluft zu gelangen. Auch muss die Panik, die in solch einer unvorhergesehenen Situation unter Garantie einsetzen wird, mit einkalkuliert werden, da sie keine unerhebliche Rolle bei der zur Selbstrettung verbleibenden Zeit einnimmt. Das Ganze soll zur Freude und Befriedigung dienen und nicht das Leben kosten, wer will das schon.

Ich kann dazu aus eigener Erfahrung sprechen, wobei die Gefährlichkeit jener Situation bei weitem geringer einzuschätzen ist, als die hier beschriebene. Dazu später in ausführlicher Schilderung mehr. Bei der hier beschriebenen Lage der Dinge Zumindest hättest du dir einen Schlüssel für die Handschellen sieht es für dich als den einzigen Teilnehmer schlecht aus. erreichbar um den Finger oder an die Handfessel binden müssen, zusätzlich wäre noch eine „Notsicherung" bei der

Beinfesselung an der unteren Bettseite ratsam gewesen, mit
deren Hilfe du die Kette einfach nach oben hättest herausziehen
können, um dann zu versuchen, die Beine durch die Arme
hindurch zu bringen oder wenigstens mit ihnen Klopfgeräusche
zu verursachen, was in einem Eigenheim, in dem du allein
wohnst, auch umsonst ist. Unter diesen Umständen gibt es bei
auf den Rücken gefesselten Händen in Verbindung mit der
zusätzlichen Fixierung an das Bettgestell kaum Möglichkeiten
zur Selbstbefreiung wie ebenso zum Rufen nach Hilfe, da
jeglicher Laut, der mittels des Ballknebels eh schon abgedämpft,
zusätzlich in der eng anliegenden Gasmaske regelrecht erstickt

*Was für ein Geräusch, wenn man nackt eine Gummischürze trägt und
diese beim Laufen gegen die Beine klatscht.*

würde. In solch einem Moment – den man echt keinem wünscht
– wirst du deine verdammte Sucht, deine abartigen Handlungen
bis in alle Ewigkeit verfluchen; du wirst hoch und heilig
schwören, dich nach dem Geschehen eines Wunders, also einer
baldigen, lebensrettenden Befreiung, nie mehr mit solchem
elenden Kram zu befassen, ja als erste Maßnahme diesen ganzen
verhassten Krempel, alle vorhandenen Utensilien zu entsorgen,
für immer beiseite zu schaffen und endlich mit einem normalen,
redlichen Sexualleben zu beginnen. Du wirst dich endlos ärgern,
wie du dich in eine solch unmögliche Lage bringen konntest, wie
schön es wäre, jetzt vor dem Fernseher zu sitzen und ein Bier
zu trinken.
Die Lust, die geile Vorfreude, welche dich vor ein paar Minuten
in diese Situation getrieben hat, ist schlagartig verflogen, mehr
noch, sie ist ins totale Gegenteil umgeschlagen. In Hass. Hass
auf Gummi, Hass auf Fesseln, Hass auf dich selbst. Und dabei
wären all diese Wahrnehmungen noch nicht einmal das
Schlimmste bei diesem Szenario. Das schlimmste bestünde
darin, wenn diese Gedanken das letzte in deinem Leben sein

müssten. Wie Nichtig machte sich hingegen eine noch so peinliche Befreiung durch irgendjemand aus. Doch wer sollte das in diesem Fall sein?

Niemand wird seinen Nachbarn instruieren, im Falle der eigenen Abwesenheit von mehr als der Zeit X bitte mit dem ihm überlassenen Schlüssel in die Wohnung zu kommen, um ihn gegebenenfalls zu entfesseln. Also: eine gründliche und durchdachte Vorbereitung derartiger autoerotischer Handlungen ist zwingend notwendig. Bei weitem nicht alles, was dir die Phantasie auf dem Teller der Begierden serviert darfst du auch

Ich möchte endlich wieder frei atmen können, sagte er ruhig und zog sich die Gasmaske über den Kopf.

bedenkenlos genießen. Eine besondere Tücke bei solchen Inszenierungen besteht in der teilweise maßlosen Übertreibung, in wirklich nicht praktikablen Überhöhungen betreffs verschiedener Techniken von Fesselungen; der Art und Intensität der Verschnürung; der Anzahl von Hand- und Fußfesseln; der Reduktion der Atemluft durch mehrfach übereinander gezogene Masken; der Dehnbarkeit der Gelenke und anderes mehr, welche eine rationale Einschätzung der Lage schwer beeinflussen können. Auch in dieser Phase ist ein kühler Kopf unabdingbar. Es ist fraglos sicherer, ein Handgelenk zwecks Fesselung beispielsweise nur in eine weite Schlinge zu legen und diese mit Hilfe von eigenen Bildern als mit Handschellen oder straffen Riemen unlösbar gefesselt zu betrachten, als dieses mittels eines Schnappschlosses an einer Kette zu befestigen, ohne die Möglichkeit sich selbst befreien zu können.

Den Wermutstropfen eines trotzdem vorhandenen Gefühls der Unvollkommenheit, einer eigentlich unzureichenden und damit nicht so aufreizenden Fixierung sollte man der eigenen Sicherheit wegen trinken – und darauf hoffen, dass sich irgendwann ein Partner findet, der einen dann korrekt und mit aller Konsequenz zu Verschnüren versteht, und gleichfalls für die Sicherheit einzustehen hat.

Wie schon erwähnt, begann die Fixierung auf glattes, zum anziehen geeignetes Material in relativ frühen Kindertagen. Dieser Gummifetischismus machte sich durch das außergewöhnliche Erleben taktiler Reize bemerkbar, hervorgerufen bereits durch kleine Berührungsflächen mit der Haut. Im Laufe der Zeit stieg der Grad der Erregung

Wenn Gummikleidung und Fesselungen die Zuchtmeister deiner Obsessionen sind, wird der Darkroom zum hellsten Ort auf Erden.

proportional mit der Fläche des Gummis, welche die Haut umschloss. Diese Erregung erfuhr eine weitere Steigerung, in welchem Gummi den Körper nicht schlechthin nur umschließen, sondern so viel Haut wie möglich direkt berühren sollte, was heißt, dass beispielsweise ein Strumpf den Fuß nicht nur in der Gesamtheit als Hülle umschließen darf, sondern jener mit Formgenau angesetzten Ausbuchtungen versehen sein muss, um jede einzelne Fußzehe separat und vollumfänglich zu umhüllen, damit die mit Gummi zu berührende Hautoberfläche vergrößert wird. Gleiches gilt für passgenaue Masken, welche selbst die Ohren ganzheitlich bedecken; die weiterhin mit kurzen Gummischläuchen versehen sind, um die Eingänge, also den unteren Innenteil der Nasenlöcher auszukleiden. Außerdem k Mundhöhle sich befindet, um diese ebenfalls zu gummieren. Besondere Priorität besitzt dabei logischerweise die lückenlose Einkleidung des Penis und der Hoden mit diesem Material. Dafür bestens geeignet sind die sogenannten Penis-Hoden-Kondome, die aus Latex von starker Qualität hergestellt sind. Dieser intime Anzug eignet sich außerdem hervorragend als „Unterlage" für reizvolle Penisfesselungen.

Eine andere Form der Steigerung des Einhüllens ist die mehrlagige Gummierung. Dabei zieht man zwei oder drei Gummianzüge übereinander, variiert dies durch eine Jacke oder eine Hose, einen Gummimantel oder ein Cape.
Wieder andere, doch ebenso herausragende Gefühle bereitet das Tragen von ein oder zwei Gummianzügen in einem Gummisack, welchem eine Unterlage aus Latex dienen sollte. Bei einem

Dieses Gefühl, dieser Druck, den das Material Gummi der Haut zu gute kommen lässt, erreicht die gesamte Hautoberfläche, dringt in diese ein, durchdringt sie, geht bis ins Fleisch, durchzieht den gesamten Körper, weckt die Gedanken und setzt sich endlich in der Seele fest.

Anzug mit angesetzter Maske lässt sich zusätzlich noch eine Maske unter diese aufsetzen, um schließlich noch eine – dann wirklich stramm sitzende - Gasmaske über das Ganze zu ziehen. Eine auf die Hautfläche Druck ausübende Wirkung vermitteln Vakuumbetten und aufblasbare Gummianzüge. Das glatte Material wird hierbei mit größerem Druck, als dies die eigentliche Passform ermöglicht, an den Körper gepresst, was ein außergewöhnlich intensives Gefühl zu erzeugen vermag. Auch können bei gekonnter Ausführung das Tragen von dicken Industriegummihandschuhen, welche das Bewegen der Finger fast unmöglich machen, sowie zusätzliches Fesseln und Verschnüren unglaublich angenehme Empfindungen erzeugen. Während meiner ersten festen Beziehung, welche ich mit 18 Jahren einging, kam keine meiner sexuellen Vorlieben zur Anwendung. Im Gegenteil, das „normale" Sexualleben hatte mich zu jener Zeit fast vollständig in seinen Bann gezogen, was mir nicht nur in körperlicher Hinsicht Erfüllung brachte, sondern mich auch mental stabilisierte. Ich konnte also, wie alle anderen auch (?), am erotischen Leben mit einer Frau auf ganz natürliche Art und Weise Freude und Befriedigung erlangen,

ohne dabei von irgendwelchen Hilfsmitteln abhängig zu sein.
Das machte mich froh. Ohne jede „Hilfe" ging es dann doch
nicht ganz, was heißt, dass beim Liebesspiel zum einen meine
Phantasie mir immer wieder ganz bestimmte, meinem Fetisch
entsprechende Bilder vorspiegelte und zum anderen es zur
Selbstverständlichkeit erwachsen war, dass meine Freundin an
den Handgelenken und um den Hals Kettenschmuck trug. Das
Anlegen derselben war für uns wie das Einläuten des

Es stürmt auf Feldern und im Wald, das Wetter ist im Wandel
Draußen ist es nass und kalt, ich trag den Gummimantel.

Liebesaktes. Für mich war dieser Schmuck im Unterbewusstsein
wahrscheinlich schon Ersatz für echte Metallketten, die zum
Fesseln geeignet waren.
Gummikleidung, also die paar Sachen, welche es damals zu
erstehen gab, waren bei unseren Handlungen gar kein Thema.
Komischerweise, oder richtig formuliert, zu meiner totalen
Überraschung, war es meine Freundin, welche mich eines Tages
mit der Frage regelrecht erschütterte, woran es wohl liegen
möge, dass manche Menschen eine besondere Vorliebe für
Kleidung aus Gummi haben. Die Antwort gab sie gleich selber:
vielleicht liegt es ja daran, weil das Material so glatt ist?
Ich war vollkommen platt. In mir stieg eine Freude auf, die von
einer unheimlichen Art zu sein schien, gleichzeitig nahm eine
ungewöhnliche Feigheit von mir Besitz. Anstatt diesen Faden
aufzugreifen, ihn nicht mehr aus den Händen zu lassen, bis er
durch das Nadelöhr der Offenheit geführt wäre, sagte ich
nichts. Außer vielleicht: kann sein, vielleicht, oder so was. Man
stelle sich das vor. Die Partnerin hatte begonnen über jenes
Thema zu sprechen, welches mir wahnsinnig wichtig war, mir
aber bleischwer auf dem Herzen lag, weil ich mich niemals
getraut hätte, es anzusprechen, mit ihr darüber zu reden, aber
ich war nicht in der Lage, diese Darreichung beim Schopfe zu

packen, um über das Phänomen Gummikleidung zumindest
ganz allgemein zu sprechen,   ohne dass ein verdächtiges
Moment vorgelegen hätte, vielleicht sogar dieses Gespräch zu
vertiefen und vorzuschlagen –
um Gewissheit über die Wirkung von Gummi auf der Haut zu
erlangen - es doch einfach mal selber auszuprobieren oder gar,
wer weiß, einzugestehen, dass für diesen Stoff ich selbst mich

*Die Frau im Latexanzug war einfach der Hammer, genauer gesagt der
Gummihammer.*

interessiere. Ich muss hier anfügen, dass diese junge Frau
damals im Wissen   um sexuelle Dinge, wie auch in der
praktischen Anwendung, mir weit überlegen war, weswegen ich
vielleicht   im   Unterbewusstsein   von
Minderwertigkeitskomplexen befallen wurde.
Bestimmt wäre es zu einem späteren Zeitpunkt erneut zu solch
einer Gelegenheit gekommen, die ich dann – wer weiß? - besser
genutzt und somit in Erfahrung gebracht hätte, wie die Reaktion
von ihr darauf gewesen wäre. Das hätte ich wirklich zu gern
gewusst. Aber leider wurde ich bald zum Wehrdienst einberufen,
was mir die wertvolle Zeit für diese Dinge und gleichfalls die
Bestehende Beziehung nahm.
Dass ich wegen meinem ausgeprägten Hang zu Gummikleidung
viele Jahre mit einem schlechten Gewissen und Hemmungen zu
kämpfen hatte, darf nicht verwundern. Es könnte durchaus
möglich sein, dass mit dem Einpflanzen einer ungewöhnlichen,
aus der allgemeinen Norm geratenen sexuellen Veranlagung
auch gleichzeitig ein besonders Schamgefühl beigefügt wird, als
eine gewisse Art von Schutz oder Tarnung, wie es beispielsweise
bei vielen Lebewesen zwecks einer bestmöglichen Anpassung an
die jeweilige Umwelt geschieht. Doch selbst wenn ich mit dieser
Vermutung danebenliegen sollte, gibt es eine wahrhaft
einleuchtende Erklärung für meine Scham, ja für eine

regelrechte Angst vor den eigenen Gefühlen. Wie bereits erwähnt, waren in jeglicher Literatur, welche ausschließlich aus Sachbüchern über Ehe und Sexualität bestand, die mich betreffenden Themen Gummifetischismus und der Hang zu Fesselspielen als Mittel zur sexuellen Stimulierung immer unter der Rubrik „Deviationen" oder „Perversionen" oder einfach als

Sie hatte mir eine erhebliche Last aufgebürdet – allerdings war ihr bekannt, dass ich es liebe, schwere Gummianzüge zu tragen

„nicht normales sexuelles Verhalten" behandelt. Das bereitete mir schon als Jugendlicher eine gewisse Angst und war mit ausschlaggebend dafür, diese meine ungeheuerliche sexuelle Neigung vor jedem zu verheimlichen.
Ein weiterer Grund für dieses unangenehme Versteckspiel lag in den verbalen Entgleisungen anderer Menschen, die über alle möglichen sexuellen Praktiken, welche außerhalb des angeblichen normalen Sexualverhaltens lagen, mit besonderem Eifer hergezogen wurde. Dabei darf man getrost davon ausgehen, dass manch einer, welcher sich mit lautstarker Begeisterung an diesen Gesprächen beteiligte, gar nicht über die notwendigen Einblicke in die entsprechende Materie verfügte , welche ihn befähigt hätten, ein auch nur annähernd zutreffendes Urteil darüber zu fällen. Die Sprache bei Sprache bei solchen Tiraden war äußerst ordinär und zusätzlich von unqualifizierten Kraftausdrücken geprägt. Auch wenn ich mich damals nie gegen diese Art von Zeitvertreib aufgelehnt habe, Freude oder gar geile Empfindungen sind mir daraus niemals erwachsen, eher schon Abscheu. Jedenfalls blieben diese „Beurteilungen" über sexuell anders geartete Menschen bei mir nicht wirkungslos.
Ich erinnere mich in diesem Zusammenhang immer wieder an ein Erlebnis, welches gut und gerne 50 Jahre zurückliegen dürfte und ebenfalls eine nachhaltige Wirkung in Bezug auf den

Umgang mit meinen Vorlieben hinterließ : Meine Mutter
besuchte mit mir eine gute Bekannte im Nachbardorf, was
regelmäßig geschah, wobei die damals jungen Frauen über ihre

*Gleise meiner Wesenszüge sind in die Richtung eines Landes verlegt, in dem
die Phantasie regiert. Die Passagiere des Zuges sind entweder gefesselt oder
sie tragen Gummikleidung in allen möglichen und unmöglichen Variationen
– oder beides.*

Familien wie auch über andere Leute   sprachen. Mit meinen
etwa zehn Jahren   interessierte ich mich kaum für den
Kaffeeklatsch der beiden, allerdings hielt ich mich unmittelbar
neben ihnen auf, indem ich mich mit dem Sohn der Bekannten
auf dem Fußboden im Ringkampf übte. Doch selbst wenn
Kinder mit etwas beschäftigt sind, bedeutet das bei weitem
nicht, dass sie das, was die Alten gerade besprechen, nicht
mitbekommen. Vor allem dann, wenn eben diese mit einmal
ihre Stimmen in einer Weise verändern, dass selbst ein
desinteressiertes Kind merkt, dass nun etwas erzählt wird, was
es auf keinen Fall hören soll – aber nun gerade deswegen
verstehen will.   Bereits   vor   dem   unüberhörbaren
Stimmenwechsel hatte ich während meines Kampfes ein paar
Bruchstücke des Gesprächs aufgenommen. Es ging um einen
Streit und die Trennung der Ehe von Verwandten   der
Landfrau.
Und plötzlich keifte sie los, wobei die Lautstärke in auffälliger
Weise herunter gedimmt wurde, jedoch die Stimmlage bis in
höchsten Lagen der Tonleiter entfloh, so dass es gar nicht
möglich   gewesen   wäre,   die   folgenden   Auswüchse   der
Entrüstung überhören zu können: „Marina! Denk nur mal, als
Petra nach Hause kam, lag ihr Mann mit einem Regenmantel im
Bett! Stell dir das nur mal vor! Der lag im Bett mit einem
Regenmantel! Sie lässt sich jetzt natürlich sofort von dem
scheiden.“

Die genauen Zusammenhänge des gehörten Geschehens kannte ich nicht, konnte mir aber zusammenreimen, dass besagter Ehemann die Gunst der Stunde nutzten wollte, da seine Frau

Ein weit geschnittener Gummianzug umspielt deine nackte Haut wie laue Frühlingsluft. Ein eng geschnittener Gummianzug liebkost jedes einzelne Körperhaar, so dass ein Gefühl, ein wunderbarer Zustand erwächst, welcher von der Mutter der ganzheitlichen Umarmung geboren wurde.

die Wohnung für scheinbar längere Zeit verlassen hatte, um seiner Leidenschaft zu frönen und sich also umgehend, bekleidet nur mit einem Regenmantel, ins Bett legte. Jedoch kehrte die Frau, für den im Bett liegenden Ehemann nicht vorhersehbar, unverhofft zurück und ertappte ihren Angetrauten im Bett — eingehüllt in einen Regenmantel. Man kann sich leicht vorstellen, welchen Schock dieser Moment bei den beiden ausgelöst haben mochte. Einen bei der Frau, weil ihr von der schrägen Veranlagung ihres Mannes nichts bekannt war, da er ihr niemals etwas davon gesagt hatte, und sie, hätte sie davon erfahren, ihn sicher nicht zum Ehemann genommen hätte; einen Schock bei ihm, weil er, gerade dem Regenmantel und seiner Phantasie sich hingebend, einen blitzartigen Riss durch seine Gefühle ertragen musste, da er beim Tun mit seinem peinlichsten Geheimnis nicht nur überrascht sondern auf brutale Weise bloßgestellt wurde. Aus Angst und Scham, seine heimlichen Begierden der Frau, mit welcher er das Leben teilen wollte, preiszugeben, um vielleicht ihr Verständnis zu erlangen, oder aber im Falle von unüberbrückbaren Gegensätzen von dieser
zum Scheitern verurteilte Ehe abzusehen, konnte nunmehr nichts anderes mehr passieren, als das böse Erwachen für beide, welches schlimmer als ein Albtraum gewesen sein dürfte.
Die Schilderung dieses Ereignisses durch eine erzkonservative Landfrau in einer derart hysterischen Weise, als wäre der dritte

Weltkrieg ausgebrochen, hatte mich damals nicht unwesentlich geprägt.

Ich war über diese kurze Geschichte erfreut, traurig, beängstigt, beschämt und erstaunt zugleich. Ich wurde belehrt, gleichzeitig hatte ich einige Rätsel zu lösen. In dem Augenblick, als ich

Sie setzte sich leidenschaftlich gern mit ihrem nackten Arsch auf das lederne Sofa.

durch die radikale Veränderung der Stimmlage während des Ringkampfes aufmerksam und somit zum Zuhören gezwungen wurde, musste ich mich irgendwie aus der Affäre ziehen. Ich durfte also nicht mehr richtig kämpfen um etwas zu hören, aber eben so, dass der andere das nicht bemerkte. Gleichzeitig musste ich so zuhören, dass die Alten das nicht mitbekamen. Mein Plan ging auf. Lange Zeit danach hat mich diese Szene immer wieder beschäftigt. Ich konnte den Mann nur zu gut verstehen, war mir doch schließlich der gleiche Spleen eigen. Ich konnte nicht wissen, ob der Regenmantel, mit dem er sich ins Bett gelegt hatte, aus Gummi war – was bei mir sofort die Frage aufgeworfen hätte, wie der zu so einem geilen Teil gekommen ist - oder nur ein damals handelsüblicher Plastikregenmantel, der immerhin als Ersatz dienen konnte (es sei denn, er hätte wirklich auf dieses Material gestanden); ich hatte keine Ahnung, ob der mir unbekannte Fetischist sich noch anderer Kleidungsstücke bediente und was er im einzelnen tat, aber ich war glücklich darüber, dass es noch jemanden gab, der die gleiche Macke hatte wie ich selbst - befürchtete ich bis dahin doch, vielleicht der einzige dieser eigentümlichen Gattung zu sein. Gleichzeitig beschlich mich wieder einmal diese gewisse Traurigkeit, weil abermals betont wurde, dass derartiges Verhalten abartig und nicht zu tolerieren sei. Ich verspürte ein ungutes Gefühl, fast schon Angst, Angst davor, dass es mir einmal genauso ergehen könnte, ertappt und bloßgestellt zu

Sexuelle Hygiene bedeutet für mich die Beseitigung von Selbstvorwürfen wegen der eigenen sexuellen Verhaltensweisen. Diese Selbstreinigung des Gewissens, die Verbannung der Scham, die bei der Analyse der eigenen Persönlichkeit immer wieder auflebt, kommt einer Zäsur gleich, welche der Einschätzung meines Handelns und meines Wesens eine neue, vorwiegend positive Qualität verleiht.

werden, beschimpft und ausgelacht. Die Scham vor mir selbst war wieder da. Ich folgerte daraus, dass nur mit ehrlicher Auseinandersetzung so eine schreckliche Situation verhindert werden könnte. Eine derartige, fest verankerte Wesensart darf man nicht vor einer potentiellen Partnerin verschweigen. Das wäre unfair und auf Dauer – wie gesehen – auch nicht machbar. Diese folgerichtige Einsicht aber führte mich wieder in die dunklen Räume der Traurigkeit. Der Teufelskreis drehte sich erneut vor mir: Ehrlichkeit in dieser Frage konnte doch nur Einsamkeit bedeuten! Eine Lösung des Problems war nicht greifbar.

Reichlich ins Staunen hatte mich diese Episode außerdem gebracht. Ein paar Sätze später erhielt ich Kenntnis von dem sonst untadeligen Verhalten des „überführten" Mannes. Er hatte laut der Aussagen der Landfrau einen guten Charakter – bis auf diese Schweinerei – er war arbeitsam, führte sich nicht als Macho auf (dieses Wort war damals selbstverständlich noch nicht gebräuchlich), er war häuslich, wurde als kein Dummer beschrieben; eigentlich verkörperte er einen Typ, den die Frauen mögen sollten. Ihr eigener, angetrauter Mann war so ziemlich das Gegenteil von all dem. Aber, und das schien die Hauptsache zu sein, mit einem Regenmantel hatte der noch nie im Bett gelegen.

Wie viele Male stellte ich mir folgende Fragen: Wie wäre die Reaktion der nach Hause zurückgekehrten Frau gewesen, hätte sie ihren Mann mit einem weiblichen Wesen im Bett erwischt? Gäbe es, angenommen, für sie als Alternative nur diese zwei Charaktere zum Auswählen, welchen würde sie bevorzugen? Hätte sie den Mann, der ab und an einmal fremd ging dem Sonderling von Gummifetischisten vorgezogen, weil

Ihr liegen Riemen und Handschellen besser in der Hand als Strickzeug

dieser zwar nicht treu, dafür wenigstens in sexueller Hinsicht normal war, aber jener, mochte er den Besitz noch so guter Wesensmerkmale sein Eigen nennen dürfen, wegen dieses abartigen Triebes niemals für Sie als Partner in Frage käme? Außerhalb dieser ungewöhnlichen Eingrenzung zur Wahl eines Lebensgefährten würde bestimmt jede Frau antworten, dass sie weder mit dem einen noch dem anderen Typen bekannt werden will, da sie einfach einen „ganz normalen"? Mann haben möchte, der sie liebt, der sie begehrt - und zwar nur sie - für immer und ewig,
für alle Zeit mit ihr zusammen bleibt, dass auftretende Veränderungen der erotischen Empfindungen für sie durch einen irgendwann einsetzenden Gewohnheitseffekt nie eintreten werden, und ein eventuell zum tragen kommender, „vernünftige" Gedanken außer Kraft setzender, alles bestimmender Trieb, diesen idealen Mann niemals ereilen wird. Die eigene Vorstellung über eine zukünftige Beziehung wird wohl vorwiegend von einem Wunsch gemäß dem uralten Bild getragen, welches nur in Märchenbüchern für Erwachsene seine Wie schnell sich eine lange bestehende, positive Meinung von einem Menschen verändern kann, erlebe ich noch heute des oftmals. Egal ob es einen prominenten Künstler, Sportler, Politiker, Schauspieler betrifft, von dem ein Bekenntnis über seine sexuelle Ausrichtung – hier überwiegend die gleichgeschlechtliche betreffend – an die Öffentlichkeit dringt, ist dieser, bei nicht wenigen Personen, plötzlich nicht mehr akzeptabel, ja selbst seine Leistungen spielen keine Rolle mehr.

Als Mensch, gerade als junger Mensch, will man weder

In einer vollkommen mobilisierten Welt, in der nichts mehr still und in Ruhe zu sein scheint, ist die gewollt erzwungene physische Beruhigung durch Fixierung ein gutes Mittel um seelische Ruhe zu finden.

ausgestoßen noch verlacht werden. Mit den rasch vergehenden Jahren ändert sich, gottlob, der angeborene Herdentrieb dahingehend, dass man nicht mehr um jeden Preis von allen und jedem verstanden und akzeptiert werden will. Ich kenne inzwischen dieses wunderbare Gefühl, sich selbst zu mögen, sich nicht mehr für seine Vorstellungen und Verhaltensweisen entschuldigen, erklären zu wollen, mit sich selber wirklich eins zu sein und jederzeit, wenn nötig, dazu zu stehen. Das heißt nicht, nun plötzlich mit seinem Anderssein hausieren gehen zu wollen oder andere Personen davon unbedingt überzeugen zu müssen, welch bezauberndes Gefühl über den gesamten Körper sich ausbreitet, wie aufgeregt und zugleich beruhigt die Psyche reagiert, sobald der Gummi in Form eines Umhanges oder eines anderen beliebigen Kleidungsstückes die Haut umhüllt, umspannt, umfließt; ganz und gar nicht, man will einfach seine Ruhe haben, und man kann diese echte innere Ruhe auch tatsächlich genießen, selbst auf die „Gefahr" hin, man würde im nächsten Moment auf dies Thema angesprochen oder damit persönlich in Zusammenhang gebracht werden. In gewisser Hinsicht ist das ein Anachronismus. Als jugendlicher Mensch war ich der festen Überzeugung, dass meine sexuellen Neigungen im Alter sich abschwächen, ja vollkommen verlieren würden: im Alter werden sich der sexuelle Trieb genau wie derartige Phantasien verabschieden, das Verhalten wird dann von Vernunft beeinflusst und gesteuert werden. Mit dieser Hypothese hatte ich mich jedoch vollkommen getäuscht. Der sexuelle Trieb lässt prinzipiell nicht nach, schon gar nicht ist er von jeglicher Vernunft abhängig.

Ein merklicher Unterschied zeigt sich hingegen in der
Diskrepanz zwischen dem heutigen Willen zur sexuellen
Beschäftigung, der zu dem von damals durchaus vergleichbar
erscheint, und den nun aber eingeschränkten praktischen
Fähigkeiten, richtig gesagt, den unabdingbaren physischen
Voraussetzungen. Das bedeutet: die Befriedigung des eigenen
sexuellen Triebes ist durchaus noch möglich, da hierzu keine
vollständige Erektion des Gliedes zwingend notwendig ist, ein
anständiger Beischlaf mit einer Partnerin jedoch nicht
unbedingt.
Zu jugendlichen Zeiten machte ein starker Trieb sich nicht nur
oft bemerkbar, meist ging dieser gleichzeitig mit einer
dauerhaften Erektion einher. Während des Fahrens mit dem
LKW hatte ich zeitweise eine andauernde Erektion, wobei
ständige Phantasiebilder oder während der Fahrt tatsächlich
erscheinende Frauen, gekleidet in engen (Leder) Hosen, hohen
Stiefeln, kurzen Röcken oder gar streng gegürtet in
Regenmänteln, noch verstärkend auf diesen Zustand wirkten,
sodass das Aussteigen aus dem Fahrzeug und die folgenden
Tätigkeiten manchmal nicht optimal geschehen konnten.
Während dieser Phase, die wahrhaftig mehrere Jahre andauerte,
fuhr ich ab und an Zuhause vorbei und ging mit meiner
Freundin für eine halbe Stunde ins Bett, um mich andauerte,
fuhr ich ab und an Zuhause vorbei und ging mit meiner
Freundin für eine halbe Stunde ins Bett, um mich dadurch
wieder auf einen erträglichen Zustand zu bringen. Das ging
leider nur, wenn wir nicht zur gleichen Zeit auf Arbeit waren.
Trotz befriedigendem, partnerschaftlichem Geschlechtsverkehr
verlor ich mich hin und wieder bei der Selbstbefriedigung, die

*Ich könnte aus der Haut fahren, meinte sie, nachdem sie die lange Nacht
im Gummi-Einteiler verbracht hatte.*

jedoch 0hne bestimmte Hilfsmittel wie Gummikleidung und
verschiedenen Fesselutensilien nicht zum gewünschten Ergebnis
hätte führen können. Ich erinnere mich noch genau an eine
damalige Vorstellung von mir, die mir ein gewisses Maß an
Angst verschaffte: Da mich der Gedanke, gefesselt zu werden,
erregte, war mir bange zumute bei der Aussicht, wegen einer
Operation in ein Krankenhaus eingeliefert zu werden, wobei
man von Krankenschwestern, die transparente
Gummihandschuhe tragen, auf einer Liege festgeschnallt wurde.
Ich trug mich echt mit der Vorstellung, beim Festbinden eine
Erektion zu bekommen und zusätzlich im Zustand der Narkose
von meinen sexuellen Neigungen zu erzählen. Bei einer baldigen
Blinddarmoperation erwiesen diese Gedanken sich als völlig
unzutreffend, was wiederum zeigt, in welch blödsinnige
Obsessionen man sich versteigen kann.
Ich denke, es gibt genügend Praktiken in dem endlosen Raum
der Sexualität, die besser nur in der Phantasie stattfinden sollten,
als das sie in der Realität Schaden anrichten würden. Dieses
Denken wird allerdings in der realen Welt auf einen lächerlichen
Wunsch reduziert, weil dieser unendlich große Raum mit jeder
Menge Türen versehen ist, durch die jeder potentielle Gast
hineingelangen wie auch wieder hinausschlüpfen kann.
Bei meinen speziellen erotischen Wünschen verhält es sich eher
so, dass man diese, ein ausreichend Maß des Einverständnisses
eines beteiligten Parts vorausgesetzt, ausprobieren und in
angepasstem Maße auch ausleben kann. Darüber bin ich
insofern froh, da ich darauf nie verzichten wollte und – das ist
doch das eigentlich Entscheidende – niemals in der Lage
gewesen wäre, darauf auch nur im Geringsten verzichten zu
können. Von diesem Standpunkt aus betrachtet möchte ich

mich fast glücklich schätzen, dass mich jene, nun sagen wir, eine mir unbekannte Macht, in eben genau die Richtung sexueller Spielarten geschickt hat, welche ich seit so vielen Jahren vehement verfolge. Für Menschen mit einer normalen sexuellen Veranlagung kann meine Zufriedenheit ob meiner sexuellen Eigenschaften nur Verwunderung, wenn nicht gar Bedauern hervorrufen und eine Antwort provozieren, die lauten könnte: besser gesund als krank. Doch sollte man nicht alles für Selbstverständlich annehmen, denn so viel ich – in jeglicher Beziehung - Erfahrungen gemacht habe, haben alle Dinge und jede Begebenheit ebenso Vorteile wie Nachteile. Und eine Steigerung zu etwas Schlimmeren, noch Ungeheuerlichem, gibt es immer. Und um es nochmals zu sagen: Wenn du mit allem, was dich ausmacht, mit genau diesem speziellen, einzigartigen genetischen Code versehen worden bist, gilt es nur noch, genau das anzunehmen und mit positiver Energie zu speisen, also das Beste für dich und andere, mit dir das Intimleben teilende Personen, daraus zu machen, weil es keine wirkliche Alternative dazu gibt. Ich bin mir sicher, dass ein Mensch, der mit welch sexueller Präferenz auch immer behaftet ist, diese niemals umwandeln, unterdrücken oder gar ablegen kann, weil dies einer Amputation seiner Sinnlichkeit, einer Entkernung seiner innersten Gefühle, einem Herausreißen der eingepflanzten, ihm eigene Wesenszüge gleichkommen würde. Wer also das Pech hat, Sklave einer sexuellen Vorliebe zu sein, die nicht nur moralisch fragwürdig als vielmehr schädigend gegenüber Dritter und somit das Gewissen belastend und außerdem strafbar ist, hat wahrlich ein bitteres Los für sein Leben gezogen. Gerade auch im Hinblick auf diese Tatsache steht es mir nicht zu, mich in Klageliedern zu ergehen. Die Bedenken, was andere Menschen über mein Verhalten denken oder sagen könnten, sofern sie davon überhaupt erfahren würden, ist im Gegensatz zu den oben genannten Fakten im schlimmsten Falle peinlich. Während einer Beziehung zu einer Frau, die über 20 Jahre währte, lagen viele meiner Wünsche auf dem erotischen Gabentisch, an dem ich mich ausgiebig bedienen durfte.

Dabei spürte diese Frau nicht annähernd das Verlangen nach meinen bevorzugten Praktiken. Das Material Gummi in Form von Kleidung war ihr bis dahin nur bei dem Benutzen von Haushaltshandschuhen bekannt, mit dem Thema Fesseln wollte sie sich - bis auf wenige Ausnahmen, die es noch zu erläutern gilt - nur als aktiver Part befassen. Das war der eigentliche Grund, dass ich mich bei Fesselspielen immer mehr zum passiven Teil entwickelte und auf diese Weise die einzigartigen Empfindungen des gefesselt – Werdens richtig kennen und lieben lernte. Die Selbstfesselungen, welche ich bis dahin durchführte, wirkten zwar in ähnlicher Weise, stellten jedoch in erster Linie einen Ersatz dar, welcher das Fehlen einer zu fesselnden Partnerin kompensieren sollte. Auch können diese dem ganzheitlichen Vergleich mit der Fixierung durch eine andere Person niemals standhalten.

Der Weg, welcher in die Regionen dieser speziellen erotischen Ausrichtungen mündete, brachte uns auf langen, über Berge und Täler sich windenden Serpentinen, oftmals auf Umwegen mangels ausreichender Ortskenntnis, über einen Zeitraum von mehreren Jahren und manchmal auch nicht ohne langwierige Lernprozesse der ständig sich verändernden sexuellen Topografie dorthin an eine Stelle, die man beschreiben möchte als Basislager in großer Höhe, als Ausgangspunkt für verschiedene Gipfelbesteigungen.

Zu Beginn dieses Prozess, also direkt am Anfang unseres Kennenlernens, verweilten meine erotischen Vorstellungen im

Ruhemodus. Das heißt, im Geiste, in meinen häufigen Obsessionen waren sie natürlich – wie immer – vorhanden, und sie wurden durch meine weitreichende Phantasie ständig aufs Neue entfacht, in unserem gemeinsamen sexuellen Zusammensein jedoch kamen sie nicht zur praktischen Anwendung. Nach einer Phase von einigen Monaten, währenddessen unsere gemeinsamen erotischen Handlungen in dem landläufig als „normal" bezeichneten Bereich abliefen, wagte ich vorsichtig die ersten Schritte, die uns gemeinsam auf das Territorium führen sollten, welches mit meinen speziellen erotischen Phantasien belegt war, um meiner Partnerin, zunächst andeutungsweise, die ersten Einblicke in eine für sie unbekannte Sphäre des sexuellen Zusammenlebens zu gewähren. Was
meinen Hang zu Materialien wie Leder, Plastik und vor allem Gummi anging, hatte
sie mittlerweile Kenntnis genommen, wobei zu Beginn unserer Beziehung mein Fundus an Kleidungsstücken aus diesen Materialien noch sehr bescheiden war, was vornehmlich in den begrenzten Möglichkeit zur Beschaffung derartiger Artikel seine Ursache hatte. Insofern bewegte ich mich zu jener Zeit, allein in Bezug auf die
Vielseitigkeit der Art und Anwendung von Gummikleidung, erst in der Vorhalle des schier grenzenlosen Raumes des Gummifetischismus. Jedoch hielt sich ihre Begeisterung zu diesem eigenartigen Stoff auch dann noch in Grenzen, als die anderen Grenzen, welche den Erwerb derartiger Artikel verhindert hatten, beseitigt waren. Immerhin und Gott sei Dank

Es ist eine außergewöhnliche Erfahrung, wenn Scham und Angst aufgrund der eigenen Gefühle wie welkes Laub abfallen, wenn man die wahren Konturen, das tatsächliche Holz, aus dem man geschnitzt ist, zeigen darf, nachdem es immerzu durch eine undurchdringliche Laubkrone verdeckt war.

litt sie nicht an einer Phobie gegen Gummi, nein, sie akzeptierte die Tatsache, dass ich mich – natürlich nur zu Hause - auf diese Art und Weise kleidete, und ebenfalls, hin und wieder, bei unseren intimen Handlungen Teile aus Latex trug; ja, sogar auch sie legte sich hin und wieder, gekleidet in eine langes, bis zu den Knöcheln reichendes, aus dünnem Material von zartem Rosa gefertigtes, relativ eng geschnittenes und somit die Körperrundungen positiv beeinflussendes Latex – Nachthemd und schlief auch manchmal mit selbigem ein, um darin eine Nacht in besonders geschmeidiger Umarmung zu verbringen. Und sie war auch eifrig bei der Sache, wenn sie sich für eine Faschingsveranstaltung in Lack und Leder schmiss, von einer Mütze bis zu den Boots, am Gürtel ein paar Handschellen hängend. Sie tat dies aus einer völlig anderen Intention heraus als es bei mir der Fall war, aber trotzdem konnte ich getrost dieses Verhalten unter der Rubrik „Erfreuliches" einsortieren. Ich bin mir sicher, dass andere Teilnehmer dieser Veranstaltung - ich meine solche, deren sexueller Code ähnlich dem meinen sein müsste – im Schwelgen ihres Anblicks zu der sicheren Folgerung gekommen sein möchten, dass diese Frau für Fetisch – Spiele, für BDSM und alles übrige, was irgendwie in diese Richtung gehen könnte, die ideale Partnerin sei. Nun, daran wird ersichtlich, dass die eigenen Obsessionen die Bilder, welche einen tatsächlich vor Augen geführt werden, sofort der Möglichkeit eines anderen Zweckes als dem der eigenen Vorstellung beraubt werden, besonders dann, wenn der Beweis ganz offensichtlich zu sein scheint.

Darüber hinaus war Kleidung aus Gummi für sie persönlich kein nennenswertes Thema. Mich hingegen ließ sie ohne Murren oder störende Kommentare gewähren, meine Leidenschaft auszuleben, egal ob ich mich nur mit ein paar Leggins oder einem Shirt oder aber in einem kompletten Anzug aus Latex in unserem Haus aufhielt. Und das möchte ich durchaus als ein echt gutes Stück Toleranz bezeichnen, die zu unterschätzen zum einen reichlich undankbar, zum anderen vollkommen an der Realität vorbei einzuordnen wäre.

Nun, außerdem gab es da bei mir noch eine weitere Leidenschaft, die akzeptiert, praktiziert und letztendlich ausgelebt werden wollte: Fesseln. Bondage. Festbinden. Verschnüren. Anketten. Handschellen anlegen; Fesseln im Stehen, im Sitzen, im Liegen; Fesseln an ein Kreuz, an einen Stuhl, in der Hängematte, ans Bett; Fesseln entweder nackt, viel besser aber in Verbindung mit Kleidungsstücken aus Gummi.

Nicht wenige Frauen würden bereits beim erstgenannten Metier ins Grübeln geraten, nun aber, da die ganze Sache noch toller zu werden scheint, sollte man getrost davon ausgehen, dass an dieser Stelle das Rauchen der Friedenspfeife bei einem großen Teil der Weiblichkeit ausfallen könnte, weil diese nun endgültig mit zu starkem Tabak gestopft sein dürfte.

Mit diesen verzaubernden, dem Liebesspiel ungeahnte Variationen verleihenden Handlungen konnte meine Partnerin bislang nichts anfangen, das heißt, fast nichts. Die einzigen wünschte, also als passive Szenen, bei denen sie eine dieser Praktiken aus eigenem Antrieb ich würde sagen, aus eigenem Trieb – heraus, von mir zu tun Teilnehmerin „erdulden" wollte, geschahen bei unserem erotischen Vorspiel, und zwar ausschließlich dann, wenn sie etwas alkoholisiert war. Dann nämlich wollte sie, dass ich ihr ein geeignetes Teil, das zum Binden taugt – welches sein konnte ein normales Seil aus Stoff, ein Gummiseil, eine Lederschnur oder ähnliches – um ihre

Mit dem Ausleben geheimer Wünsche beginnt man eine Therapie mit seiner Seele.

Brüste, um Hals und Rücken schlang und festzog, sodass sie in diesem Bereich abgebunden und eingeschnürt wurde, was ihr durch den in der Folge entstehenden Druck einen besonderen Reiz, ein angenehmes Gefühl verschaffte. Anschließend wollte sie, dass ich ihre Brustwarzen mit Wäscheklammern oder anderen geeigneten, wenn möglich kräftiger zwackenden Klemmen versah, wodurch der sexuelle Reiz bei ihr sich weiter verstärkte. Ich fesselte ihr dabei meist die Handgelenke ans Bettgestell, was sie allerdings zu ihrem Lustgewinn nicht benötigt hätte, mir es aber gestattete, im Wissen, dass dieses Tun sowie das Betrachten des daraus entstandenen Ergebnisses mir nicht unerheblich gefiel und somit sie für ihr Nehmen gleichsam mir etwas geben könne. Unsere Aktivitäten geschahen mit beiderseitigem Einfühlungsvermögen - das bei derartigen Spielen unentbehrlichen ist - und mit dem Ziel, jeglichen Schmerz auszuschließen. Klar ist, dass schon nach kurzer Zeit die Fesseln drücken können oder ganz sicher Abdrücke in der Haut hinterlassen. Man muss beim Festziehen genau dosieren bzw. je nach Intensität der Fesselung sowie dem verwendeten Fessel – Material, die jeweilige Zeitdauer entsprechend bemessen. Sicher gibt es auch Menschen, für die erst ein bestimmter Grad an Schmerz notwendig ist, um Reize und Wohlgefallen bei ihnen auszulösen. Diese spezielle Veranlagung ist bei mir jedoch nur in Bezug auf den Druck der Fesseln vorhanden. Was mich persönlich an der aktiven Fesselung reizt, ist zum einen die Tätigkeit des Fesselns eines Körpers an sich, die Vielfalt der verschiedenen Methoden des Fixierens eines Körpers, also das Zusammenbinden einzelner Körperteile, um die Bewegung zu beeinträchtigen oder völlig

Sie lag auf dem Bett und ihr Mund mit den karminroten Lippen lächelte leicht. Sie sagte: Zieh fester

einzuschränken, Fesseln mit variierenden Techniken wie Hogtied, Strappado, Anbinden an ein Andreaskreuz, an einen Stuhl, an einen Pfahl oder Baum; Anketten an geeignete Gegenstände; Fesseln an ein Bett mit gestreckten Armen und Beinen mittels Hand- bzw. Fußschellen, oder aber mit zusammengebundenen Händen und Füßen; Mumifizierung in einem Gummi bzw. Ledersack oder in einer Hängematte und vieles dergleichen mehr. Eine maßgebliche Rolle der jeweiligen Fesselungen nehmen die verschiedenen Materialien wie beispielsweise Seile aus Stoff oder Gummi, Schnüre und Riemen aus Leder, Kabelbinder, Halsbänder, Metallketten, Hand- Fuß- und Daumenschellen, verschließbare Ledermasken, Mundknebel, Korsetts oder komplette Anzüge aus Gummi oder Leder, ein.

Ich kann Stunden mit derartigen, immer wieder aufregenden, abwechslungsreichen, in jeder Hinsicht reizvollen, spannenden, Kreativität fordernden, zum Einfühlen in den Partner zwingenden fesselnden Handlungen verbringen, so dass man durchaus behaupten kann, dass ich von dieser fesselnden Sache vollkommen gefesselt bin. Zum anderen sind es die optischen Reize, welche neben der Tätigkeit selbst, mich außerordentlich beeindrucken und sexuell erregen.

In gleichem Maße fasziniert mich die „Erduldung" der passiven Fesselung. Das trifft für das Fesseln an sich – ein Vorgang, der nach meiner Vorstellung gar nicht lange genug dauern kann – wie gleichfalls für die Phase zu, in der ich in gefesseltem Zustand Verharren muss, und darf, und will.

Wenn sich die Partnerin, wie ich anschließend berichten werde, während der Dauer meines gefesselten Zustandes, sozusagen als

Sie war so hörig, dass sie ihre Unterwürfigkeit schriftlich fixiert haben wollte. Also setzte er sofort einen Knebelvertrag auf.

Höhepunkt der Session, einer zusätzlichen Behandlung der Genitalen widmet, kann ein Sonnentag für die Sinne durchaus auch in der Dunkelheit geschehen. Unsere jeweiligen Handlungen waren durch den natürlichen Schutzmechanismus des Schmerzes begrenzt, den wir beide weder fühlen noch erzeugen wollten. Dass trotzdem Verletzungen und Gefahrensituationen, wie oben schon einmal erwähnt, bei Handlungen dieser Art schnell mit von der Partie sein können, will ich ebenfalls anschließend beschreiben.

Dass meine Partnerin mit diesem Metier völliges Neuland vor sich sah, es aber trotz ihrer Zweifel und einer gewissen Abneigung zu betreten und nicht wenig Zeit dort zu verbringen bereit war, muss ich ihr sehr hoch anrechnen. Jedoch darf man den Umstand, dass sie von Grund auf meine Vorlieben nicht besaß und diese im eigentlichen Sinne auch nie erlangen würde, geschweige denn besondere sexuelle Reize daraus würde schöpfen können, paradoxerweise als einen Vorteil betrachten. Diese Behauptung mutet erst einmal unverständlich an, bestärkt sie doch das gegenteilige Verhalten, als ich es mir prinzipiell wünsche. Aber jeder, der mit irgendeinem Laster behaftet ist, weiß, dass es dem notwendig maßvollen Umgang mit diesem nicht unbedingt zum Vorteil gereicht, wenn sich im Umfeld Menschen aufhalten, die genau der gleichen Angewohnheit verfallen sind, wodurch aus weniger oder mehr schlechten Gewohnheiten unmerklich eine Sucht sich entwickeln kann. Nicht anders verhält es sich bei Vorlieben, deren Ursprung im sexuellen Verlangen liegt. Speziell meine ich damit die Häufigkeit von erotischen Inszenierungen im Rahmen von Fesselungen der

Da man sich von Selbstvorwürfen, Ängsten und Gewissensbissen gelöst hat, macht das Erleben von Gummikleidung und Fesselspielen nun umso mehr Freude und bringt jedes Mal eine nachhaltige Entspannung mit sich.

unterschiedlichsten Arten in Zusammenhang mit dem Tragen von Gummikleidung, so dass aus diesem Handeln eine Manie erwachsen kann; vor allem aber die Art und Weise, die Intensität von Fixierungen und erotischen Atemspielen, wodurch im Verlauf beiderseitiger Ekstase das Maßhalten in erforderlichen Bereichen bzw. die ständige Kontrolle des Geschehens vernachlässigt werden könnten. Eine Person, wie meine damalige Partnerin, fungierte durch ihre weniger oder anders ausgerichteten erotischen Präferenzen als den meinen, zwangsläufig als ein regulierendes Element.

Dieser Umstand darf höher bewertet werden als mancher glauben mag. Gerade auf jenem ungewöhnlich zu begehendem Gebiet der Sexualität, welches mich in seinen unwiderruflichen Bann gezogen hat, ist, bezugnehmend auf die Akzeptanz des Partners, ein kleiner Schritt des Entgegenkommens bereits ein Meilenstein in dem sonst für sehr viele Frauen unheimlich anmutenden Territorium.

Während eines lange andauernden Prozesses über viele Monate entwickelten sich regelrechte Schemen, welche den Abläufen und Details unserer sexuellen Aktivitäten die Richtung wiesen.

Nach geraumer Zeit hatten sich für unsere gemeinsamen sexuellen Handlungen regelrechte Standartprogramme entwickelt. Eines davon begann mit dem beiderseitigen Entkleiden, wobei ich meist, wenn meine Partnerin es nicht explizit ablehnte, irgendein Teil aus Latex anzog bzw., sofern ich bereits damit bekleidet war, anbehielt. Dies konnten Unterhemd oder Shorts, ein Langarmshirt oder Leggins bzw.

Sie war mittels Ketten nackt ans Bett gefesselt. Als er mit einem weichen Pinsel in ihrem Schritt kleine Bilder malte, fing sie unbändig an zu zucken und zerrte dabei wild an ihren Fesseln. Man spricht hier von einer typischen Kettenreaktion.

auch jeweils beides zusammen sein. Ab und zu trug ich beim Sex auch einen kompletten Anzug aus Gummi, was meiner Partnerin jedoch nicht in erforderlichem Maße gefiel, was heißt, dass sie sich in diesem Falle nur bedingt der Befriedigung ihrer Lust widmen konnte. Bis auf seltene Ausnahmen blieb sie nackt, das heißt, hin und wieder zog sie sich ein Latexshirt oder eine knallenge kurze Hose mit Öffnung im Schritt an, was mein positives Empfinden echt steigerte. Im weiteren Verlauf unseres erotischen Zusammenseins fesselte ich ihre Handgelenke an das Bettgestell, welches aus Metallstäben bestehend und gerade deshalb erworben sich hervorragend für solche Spiele eignete. Je nach Stimmung benutzte ich hierfür Seile aus Stoff oder Gummi, Schnüre aus Leder, Lederriemen oder Handschellen. Auch hatte ich spezielle Ledermanschetten gefertigt, welche, da sie relativ breit waren, nicht in die Haut einschnitten, obwohl sie notwendigerweise straff an den Handgelenken lagen und somit nicht nur optisch einen gutes Bild abgaben, sondern auch in Bezug auf die Zweckmäßigkeit den Anforderungen gerecht wurden. Natürlich vermitteln Handschellen oder Metallketten gleichfalls einen hervorragenden optischen Reiz und ausreichend haltbar sind diese ohnehin, jedoch können sie bei unsachgemäßer Anwendung oder zu heftigen Bewegungen der Arme unangenehme Schmerzen oder auch Verletzungen beim gefesselten Part bewirken. Auch ist bei Seilen Vorsicht geboten, da diese bei zu straffem Zusammenziehen in kürzester Zeit

Der glänzende Gummi des engen, weit hinab reichenden Latexkleides dehnte sich gefällig über ihren angenehm üppig ausgebildeten Rundungen, so dass keine Hand dieser Welt, die durch begeistert blickende Augen auf diese glatt polierte, hügelige Landschaft aufmerksam gemacht wurde, sich der Versuchung erwehren könnte, über ein derartiges Superlativ der Begehrlichkeiten zu streichen.

starke Einschnürungen und die damit verbundene Stauung vom

Blut verursachen, was wirklich   nur in den ersten wenigen
Minuten angenehm sein kann, ganz schnell aber zur Qual wird
und jede Lust auf weitere intime Spiele – zu erdrosseln – droht.
Auch können Nervenbahnen verletzt werden, was sich in lange
andauernden und ebenso schmerzhaften Folgen auswirken
kann.
Außerdem ist jede Fesselung eine ganz individuelle
Angelegenheit, über welche man genau in Kenntnis gesetzt sein
sollte, und zwar als aktiver wie auch als passiver Teilnehmer.
Insofern wusste ich irgendwann Bescheid darüber, was ich
meiner Partnerin „zumuten" konnte und was absolut gar nicht
ging. Sie hatte zum Beispiel eine Abneigung gegen das tragen
von Halsbändern, welche aus breiten Lederriemen   bestehen
konnten, vor allem dann, wenn sie – wie eigentlich von mir
gewünscht - zu eng anlagen.
Eine noch größere Aversion brachte sie, im totalen Gegensatz
zu mir, Kopfbedeckungen, Hauben, Masken aller Art und
Mundknebeln entgegen, was folglich bei ihr nicht   zur
Anwendung gekommen ist. Das nicht nur, weil sie damit die
Lust an allem verloren hätte, vielmehr noch, weil sie in
Ermangelung ausreichender Sauerstoffzufuhr in Panik verfallen
wäre, was man wirklich niemandem antun will und was
außerdem jegliche Empfindungen für sexuelle Betätigungen
schlagartig abtöten würde.
Freilich wäre ich begeistert gewesen, wenn sie diesen Dingen
und Praktiken echte Sympathie hätte entgegenbringen können

*Gerichte haben festgelegt, dass körperliche Fixierungen über einer halben
Stunde Länge eine Freiheitsberaubung darstellen und nur durch einen
richterlichen Beschluss durchgeführt werden dürfen. Aber was ist mit den
Menschen, bei denen das Freiheitsgefühl nach einer halben Stunde Fesselung
erst beginnt?*

oder gar die treibende Kraft bestimmter Inszenierungen
gewesen wäre, aber – um mich zu wiederholen – ich will nicht
das undankbare Kind spielen, dass immer mehr haben möchte
und trotzdem – oder gerade deshalb - niemals zufrieden ist. Ich
kann nicht behaupten, dass wir beide mit dieser Konstellation
nicht zufrieden gewesen wären, da uns diese durchaus
akzeptable erotische Erlebnisse verschaffte.
Allerdings war diese Art und Weise unserer gemeinsamen Reisen
in jene sonderbaren Nischen sexueller Ertüchtigung nur ein Teil
meines speziellen, unerbittlich auf Befriedigung drängenden
Triebes, und zwar der bei weitem kleinere. Viel öfter
praktizierten wir die Variante, bei welcher ich als passiver Part
des Spiels mich nur dem eigenen erotischen Genuss hinzugeben
hatte, während meine Partnerin als aktiv wirkender Teil durch
jeweils verschiedene, konsequent ausgeführte Fesselungen sowie
weiterer erotisierender Handlungen für genau dieses Ziel
herbeizuführen in der Lage war.
Bevor ich diese außerordentlich erregenden Handlungen an mir
erläutern werde, möchte ich vorher noch kurz schildern, dass
wir in jener Zeit, als solche erotischen Programme während
unseres Zusammenseins mitunter einen erheblichen Teil unserer
Freizeit in Anspruch nahmen, Kunde von einer Frau bekamen,
welche von Natur aus genau solchen sexuellen Spielarten viel
mehr als nur geneigt war. Es handelte sich um eine neue
Bekanntschaft, welcher mein Freund auf Grund ähnlich
gelagerter erotischen Vorlieben, wie es die meinen waren,
hoffnungslos erlegen war. Diese Frau, damals um die 30 Jahre
jung, war nicht nur eine selbstbewusste, intelligente, beruflich
selbständig tätige Person, sondern auch eine überaus hubsche

*Die Nacht hatte das Bett mit Dunkelheit überzogen, so dass die über
Angeliques Kopf gezogene Haube eigentlich überflüssig war…*

Erscheinung mit tadellosen Proportionen und einem klasse

Charakter. Welch, in einer Welt von selbsterstellten, konservativ gefärbten Bildern lebender Mensch hätte dieser Frau unterstellt, sich in ihrer Freizeit mit Verlangen und Hingabe nach allen Regeln der Kunst fesseln zu lassen? Um ihre permanent drängenden erotischen Vorlieben in die Tat umsetzen zu können, hatte sie in einer der damals einschlägigen Zeitschriften für Kontaktanzeigen eine Annonce aufgegeben, welche mein Freund – ein leidenschaftlicher „Leser" dieser „Literatur", entdeckt und sich folgerichtig sofort für diese interessiert und darauf geantwortet hatte. Folgerichtig sage ich deswegen, weil der Text ihrer Kontaktanzeige in einer wunderbaren Art verfasst war – womit er sich wohltuend von den überwiegend mehr oder weniger schmierigen, obszönen und deswegen abstoßenden Annoncen abhob - und außerdem genau die Fakten enthielt, die Menschen wie mich, oder wie es eben auch mein Freund ist, unausweichlich in ihren Bann zu ziehen vermögen. Auch war es erstaunlich, wie präzise sie ihre sexuellen Vorlieben und die daraus resultierenden Vorstellungen und in welcher Art und Weise sie diese zu verwirklichen gedachte, ausdrückte und auf eine völlig natürliche Art darlegte. Man konnte beim Lesen dieses Inserates glatt vergessen, dass es sich bei diesem „SM – Kontakter" um ein, nun, nennen wir es „Schmuddelheft", handelte, welches jedoch damals über lange Zeit bei den Liebhabern von eben solchen sexuelle Vorlieben gerne gekauft wurde, weil das Internet derzeit noch nicht existent war.

Diese junge Frau wohnte in einer größeren Stadt, die etwa 150

Sie wollte von ihm korrekt gefesselt werden, er sollte sie mit Lederschnüren ans Bett binden – jedoch nur, wenn er sie vorher entbinde – von der eigentlich noch zu erledigenden Hausarbeit.

km entfernt war. An den Wochenenden fuhr sie mit dem Auto von dort in den Ort, in dem mein Freund wohnte, um mit ihm dort ihren erotischen Phantasien Leben zu verleihen. Das war eine ihrer Bedingungen, dass die Treffen beim Partner und nicht bei ihr Zuhause stattfinden sollen, desweiteren sollte sich der Auserkorene an der Hälfte der Fahrtkosten beteiligen, was durchaus zu akzeptieren war. Dass die folgenden Besuche also in der Wohnung meines Freundes stattfanden, hatte einen weiteren, nicht unerheblichen Vorteil: mein Freund hatte sich – ausschließlich für erotische Spiele der Abteilung SM ein separates Zimmer hergerichtet, welches mit entsprechendem Inventar und dem dazugehörigen Equipment – welches er alles selbst hergestellt hatte – ausgestattet war, so dass in diesem privaten Studio nicht erst große Vorbereitungen für eine fesselnde Session getroffen werden mussten.

Diese reizende Frau war weder unterwürfig noch dominant veranlagt, hatte kein Faible für verbale Erniedrigungen bei sexuellen Handlungen oder gar in der Öffentlichkeit (wofür mein Freund jedoch einen gewissen Hang hatte), was sie wollte war, in allen erdenklichen Positionen gefesselt und möglichst extrem straff zusammengeschnürt zu werden; sie bestand darauf, immer ein Halsband und einen Ballknebel sowie eine Maske aus Leder angelegt zu bekommen. Ich kann dies nur deshalb berichten, weil mir mein Freund mit voller Begeisterung von den Wünschen seiner neuen Freundin sprach – was sich vollständig mit ihren Angaben in der Anzeige deckte. Er berichtete mir, dass er sie so derb fesseln sollte, dass es ihm fast zu viel wurde. Sie war ganz stark auf den Druck der Fesseln und auf das völlige Unbeweglich sein fixiert. Von anderen

Wenn deine Eltern kommen, darfst du ruhig die Ledermaske anbehalten. Sie wollten dich doch immer unter die Haube bringen.

masochistischen Praktiken wie Auspeitschen, Aufhängen, Atemkontrolle o.ä. wollte sie aber gar nichts wissen.

Wir, das heißt meine Partnerin und ich, haben diese etwas andere Frau persönlich kennengelernt, als mein Freund uns mit ihr zwei, dreimal besuchte. Zu weiteren Treffen kam es leider nicht mehr, da nach etwa einem halben Jahr die Beziehung der beiden beendet war (?). Die Unterhaltungen mit ihr waren jedenfalls sehr interessant. Eine Erkenntnis daraus war folgende: sie selbst schämte sich enorm wegen ihrer Veranlagung, was sie auch wörtlich so formulierte. Ihr war nicht bewusst, wodurch sie zu diesem Verhalten getrieben wurde, ihr war nur klar, dass diese Praktiken für sie unverzichtbar waren. Deswegen war sie jenen unkonventionellen Schritt gegangen, per Anzeige Möglichkeiten zur Befriedigung dieser ihrer erotischen Bedürfnisse zu erlangen. Mit Gummikleidung jedweder Art hatte sie absolut nichts am Hut. Einschlägige Zeitungen wie „O", „Marquise", „Club Caprice" , und ähnliches ignorierte sie vollständig, während sie bestimmte Farbkataloge der Firma „Kunzmann" herausfischte, nämlich jene, welche die neuesten Trends für Kleidung aus Leder sowie Fesselutensilien aus Leder und Metall zeigten. Einige Zeit später habe ich über meinen Freund erfahren, dass sich mit ihr ein Wandel vollzogen hatte, ein Wandel in der Art, dass sie nun auch begeisterte Anhängerin aktiver Fesselungen geworden war und ihr dafür bereits eine Art Klientel zur Verfügung stand, welche sie mit ihren Fesselkünsten beglücken konnte. Insofern hatte sie

Eine korrekte Fesselung besitzt das Potential, mehr Gefühle der Freiheit zu erzeugen, als ein von Restriktionen freier und somit für seine Bewegungen, für sein Tun und Handeln selbst verantwortlicher Körper. Man muss es nur verstehen. Und mögen.

eine ähnliche Entwicklung genommen wie es bei mir der Fall gewesen war, nur in umgekehrter Reihenfolge.
Doch nun wieder zurück zur selbst empfundenen fesselnden Erotik. Getrieben von einer unsichtbaren aber nichtsdestoweniger unerbittlich beeinflussenden Kraft, widmeten wir und mindestens dreimal pro Woche einem Rollenspiel, bei dem mich meine Partnerin fesselte, was fast

ausschließlich nach meinen Vorgaben geschah, je nachdem, welche Bilder von verschiedensten Fixierungen in unterschiedlichen Kleidungsstücken sich in meinem Kopf nach vorn gedrängt hatten. Natürlich hätte ich mich hin und wieder gerne am Reiz des Ungewissen gelabt, wäre mit Freude ab und an – im wahrsten Sinne des Wortes – überfallen und gefangen genommen worden: das jedoch kann nur solch ein Brunnen versprühen, dessen Quell durch natürlich angelegte Triebhaftigkeit unablässig nach oben drängt. Diesen besaß meine Partnerin nicht, weswegen sie fast ausschließlich nach meinen Vorstellungen agierte, Was sie, scheinbar einen Ausgleich anstrebend, hervorragend tat.

Diese fesselnden Inszenierungen umfassten sozusagen zwei Themen: zum einen ließ ich mich auf eine von mehreren Möglichkeiten fesseln, verweilte und genoss eine vorgegebene Zeit allein in diesem Zustand, wurde zum Schluss wieder befreit, womit das Spiel abgeschlossen war.

Die Handlungen der anderen Themengruppe waren in Bezug auf das Fesseln identisch, außer dass hierfür nur Fixierungen infrage kamen, bei denen ich auf dem Rücken lag. Sie wurden dahingehend weitergeführt, indem meine Partnerin eine ausgiebige Penisfesselung in Verbindung mit Atemspielen bis

Entfesselter Sex ist für manche Menschen nur in gefesseltem Zustand erlebbar

zum „erlösenden Ende" durchführte. Ich möchte mit der Beschreibung der reinen Fesselspiele beginnen, bei denen das Fesseln, Verschnüren, Anhängen, Anschnallen, Anketten, Zusammenbinden oder Mumifizieren Mittel und Zweck in gleichem Maße darstellen. Nur an sehr heißen Sommertagen legte ich jegliche Kleidungsstücke bei diesen Bondage - Sessions beiseite. Das war wegen der schweißtreibenden Temperaturen in Bezug auf den Dress-Code das geeignetste „Outfit", welches

ich mir dafür aussuchen konnte. Obwohl ich ansonsten immer eine zumindest teilweise, am liebsten aber eine komplette Gummierung meines Körpers bei all diesen Spielen favorisierte, haben bei mir die Fesselungen direkt auf der nackten Haut immer wieder ganz besondere Emotionen aktiviert. Es ist angenehm warm, sodass man weder friert noch schwitzt.
Man spürt, wie der Druck der Fesseln, welcher sich gleichmäßig um die Hand- bzw. Fußgelenke verteilt, direkt auf die Haut wirkt; beim zusätzlichen Anlegen von Hand- und Fußschellen und einer mehrfach um die Taille gewundene Metallkette, vernimmt man zuerst den Kontrast des kühlen Metalls und kann in kurzer Zeit spüren, wie dieses sich rasch erwärmt und bald schon eine verstärkende, noch straffer fixierende Einheit mit den bereits vorhandenen Fesseln bildet. Die nicht von Fesseln bedeckten nackten Hautbereiche kann die aktive Partnerin beispielsweise mit gut gefeilten Fingernägeln, einer Feder oder anderen geeigneten Gegenständen bis zum Entstehen einer echten Gänsehaut reizen und unglaublich verwöhnen. Mit verbundenen Augen bzw. einer Gummi- oder

In einem Gummi-Einteiler gefesselt zu sein, von Kopf bis Fuß mit einer Haut überzogen, Arme, Beine, Rumpf und Kopf mit Lederriemen oder Schnüren vielfach fixiert und den Druck spürend, bedeutet die Vereinigung mannigfaltiger taktiler Reize zu einer haptischen Revolution

Ledermaske, die in vorsorglicher Manier keine Aussparungen für die Augen besitzt, lassen sich derartige taktile Reize um ein Vielfaches verstärkt erleben. Eine zusätzliche Penisfesselung, die ausschließlich mit etwas Erfahrung sowie der notwendigen Sorgfalt durchgeführt werden sollte, verhilft natürlich ungemein, um solch eine Behandlung zu einem Feuerwerk von erotischen Gefühlen werden zu lassen – und zwar auch deswegen, weil nun ein vermehrtes Zerren an den Fesseln unausbleiblich wird, was wiederum die verschiedenen Drücke und damit die Reize

verstärkt wirken lässt, wodurch in der Folge die Empfindungen auf ein noch höheres Niveau angehoben werden Schwitzen   in einer gewissen Dosis verursacht an sich einen mir angenehm wirkenden Nebeneffekt, weil das Empfinden sowohl klein - als auch   großflächiger   Berührungen   und   das   Spüren unterschiedlicher Drücke maßvoll verstärkt und somit positiv beeinflusst wird. Dies gilt aber nur als einer von mehreren Gründen, warum ich mich am liebsten fesseln lasse, wenn ich in Gummi gekleidet bin. Eine einfache Standartfesselung, die meine Partnerin mit mir durchführte, bestand aus folgendem Szenario: Während meine Partnerin die Fesselutensilien sortierte, legte ich mich, bekleidet mit einem Gummioverall, bäuchlings aufs Bett.
Dann   begann   sie   mit   dem   Zusammenbinden   der Handgelenke auf   dem   Rücken sowie dem Fesseln   der Fußgelenke, wobei keine Verbindung zum Bettgestell bestehen sollte. Das hatte den Vorteil (Vorteil im Sinn von Sicherheit, was jedoch den Reiz dieser Art der Fixierung gegenüber anderen, konsequent ausgeführten, erheblich abschwächt), dass ich mich

In Madrid trägt man kurze Hosen, in London Regenmäntel, in Moskau Pelzmäntel, nur der Pariser – wie immer seit je her avantgardistisch – zeigt sich ganz in Gummi

im „Notfall", zwar mit dem notwendigen akrobatischen Geschick, aber dennoch im Rahmen des Möglichen, vom Bett hätte aufrichten können, um nach draußen auf den Flur zu gelangen, von wo aus ich in der Lage gewesen wäre, auf mich aufmerksam zu machen. Diese Art der Fixierung wurde variiert, indem die Beine zusätzlich ober- und unterhalb der Knie mit Seilen oder Riemen zusammengebunden wurden, wie auch die Arme oberhalb der Ellenbogen. Dazu schnallte sie mir einen Ballknebel um und zog über meinen Kopf eine Gummimaske ohne Augenöffnungen. Nun war die Fortbewegung in Richtung

Flur immer noch möglich, aber nicht mehr so einfach zu bewerkstelligen, wie es bei der vorher beschriebenen Fesselung der Fall war. Meist betrug die von mir gewählte Zeitspanne für diesen Zustand, je nach Intensität der Verschnürung 15 bis 45 Minuten. Das Herauswinden aus dem Bett in den Flur hatte ich gleich bei der ersten Sitzung probiert, um sicher zu stellen, dass ich im Falle eines Falles auch wirklich in der Lage dazu bin.
An der Gestaltung der Bilder jedoch, welche in ständigen Tagträumen sich regelrecht aufdrängen, möchte man, wenn möglich bald, persönlichen Anteil haben, was in der weiteren Folge den Drang zu konsequenteren Fixierungen nach sich zieht. So wurde das eben genannte, relativ sichere Fesselspiel erweitert, was den sexuellen Reiz steigerte, obwohl - oder gerade auf Grund dessen, dass der Beitrag, den ich zu meiner eigenen Befreiung beitragen konnte, nun obsolet war. Jetzt wurde zusätzlich mittels Seilen, Riemen oder Ketten eine Verbindung zum Bett hergestellt, indem die Beine am unteren, und der Oberkörper durch eine Fessel, gewunden um den Hals , am oberen Bettgestell festgebunden wurden, so dass ein

Es stimmt nicht, dass sie außer dem Radio nichts anhatte. Ihre Nacktheit wurde durch einen Gummianzug unterstrichen.

selbständiges Entfernen aus dieser Lage nicht mehr möglich war. Bei dieser Fesselung einigte ich mich vorerst mit meiner Partnerin darauf, den Knebel und die Maske nicht anzulegen, sodass durch Rufen eine eventuell vorzeitige Befreiung möglich gewesen wäre. Variiert wurden diese Spiele, indem ich mich, wahlweise auf dem Bauch oder Rücken liegend, die Arme und Beine kreuzweise ausgestreckt, an die Metallgitter, welche praktischerweise das Bett an der Ober- bzw. Unterseite begrenzten und ihm Stabilität gaben, binden ließ, was wiederum mittels Stoff- oder Lederschnüren, Gummiseilen, Lederriemen, Handschellen oder Ketten – oder einer Mischung aus allem –

geschah. Auch in der – vorwiegend aus der Sicht des Betrachters sehr beliebten – Hogtied – Stellung ließ ich mich aufspannen, was ebenfalls für mich als passiven Teilnehmer ein echt geiles Gefühl hervorruft, einen aber ganz rasch auf den Boden der Tatsachen zurückholt, indem einem klar wird, dass das Betrachten von tatsächlichen Bildern oder erst recht solchen, welche einem die Phantasie ständig vorhält, mit dem Ertragen können derartiger, durch Fesselungen erzwungener Stellungen zwei verschiedene Dinge sind. Eine Fixierung, beispielsweise bei extrem durchgebogenem Rücken, mit Handrücken an Handrücken nach hinten – oben gefesselten Händen, die zusätzlich mit dem Hals verbundenen werden um von dort ein Seil zu den zusammengebundenen Füßen zu führen um diese gleichfalls in Richtung des Halses straff zu ziehen, lässt sich nur wenige Minuten aushalten, so dass der Spaß für den passiven Partner sich sehr schnell in Unbehagen und Schmerz
umwandelt.

Die Gummifetisch – interessierten Bewohner der Tschuktschen Halbinsel wünschen sich, dass ihr Wohnort Kautschuk – tschen – Halbinsel genannt werden sollte.

Die jeweiligen Grenzen sind logischerweise individuell sehr verschieden, müssen aber unbedingt zusammen mit dem aktiven Teilnehmer abgeschritten werden, damit der gefesselte Partner auch als „Grenzgänger" die erhofften positiven Empfindungen erfahren kann und vor allem dabei unversehrt bleibt.
Wie schnell man aus Unwissenheit, durch Mangel an praktischer Erfahrung und getrieben durch seine Zwangsvorstellungen in die Bredouille geraten kann, will ich im folgenden Beispiel schildern: ein von mir stark favorisiertes Bondage – Spiel war die Fesselung in einem Gummisack. Zuvorderst schlüpfte ich in

einen Gummi - Einteiler von schwarzer Farbe und mittlerer
Materialstärke. Der Anzug war mit Füßlingen, Handschuhen
sowie einer Maske versehen. Die Maske besaß vorsorglich
Aussparungen für Nase und Mund. Durch den Schritt führte
ein Reißverschluss, welcher vom Bauchnabel bis über den Po
reichte.
Bereits während dieser Phase des Spiels begann mein Körper,
gleich dem in rhythmische Schwingungen versetzten Boden
einer Geige, zu vibrieren. Melodie und Takt der Ouvertüre
wurden durch das Rascheln und Blubbern des Gummianzuges
sowie durch die mit Spannung erfüllte Vorfreude vor dem noch
Kommenden geformt. Der Gedanke, dass ich in wenigen
Augenblicken, mein Körper komplett in Gummi gehüllt, von
einer Frau würde gefesselt werden, verschnürt auf eine Art, die
mir keine Chance zur Selbstbefreiung lassen würde, verbannt in
eine Hilflosigkeit, die durch Einschränkung der Funktion
verschiedener Sinne wie mit einem dicken Marker zusätzlich
ungemein, sodass mein mehr und mehr wachsendes Glied – als
unterstrichen wurde, steigerte meine sexuelle Erregung

*Es ist legitim, auf Grund des Mangels am Glauben an die
Erdanziehungskraft, sich ans Bett fesseln zu lassen.*

ungemein, sodass mein mehr und mehr wachsendes Glied – als
Zeichen uneingeschränkter Zustimmung – sich angenehm
versteifte.
Während ich, nun bereits auf dem Bauch liegend, die Hoffnung
nährte, dass die tatsächlichen Handlungen mit denen meiner
Phantasie sich in Kürze decken sollten, bediente sich meine
Partnerin an dem reichlich bereitliegendem Equipment, um mit
der heiß ersehnten Fesselung zu beginnen. Zuerst band sie
meine Handgelenke mit einer Lederschnur zusammen, worauf
das Verschnüren der Arme oberhalb der Ellenbogen folgte. Auf
Grund der Tatsache, dass sie in regelmäßiger Häufigkeit auf

diese oder ähnliche Art und Weise mich fesselte, war sie mit meinen speziellen Wünschen vertraut. Sie wusste genau in welcher Manie und wie straff sie die entsprechenden Fesseln anzulegen hatte, was nicht zuletzt davon abhing, auf welche Dauer das Spiel angesetzt war, bis sie mich wieder befreien sollte. Keinesfalls durften die Fesseln zu lose sitzen oder gar die Möglichkeit einer Selbstbefreiung bieten – das hätte den sexuellen Kick geschmälert wie den Preis für saure Milch – zu straff jedoch durften weder Lederschnüre, Handschellen oder Ketten aus Metall noch irgend welche anderen Utensilien angebracht werden, da hierbei nicht nur Verletzungsgefahr besteht, sondern der Lustpegel wie ein zu Landung ansetzendes Flugzeug ganz schnell an Höhe verliert. Der Druck der Fesseln ist für mich unerlässlich für besondere erotische Gefühle, aber entscheidend für eine durchgängig angenehme Empfindung ist eben die genaue Dosierung der Spannkraft des fesselnden Materials.
In korrekter Weise waren jetzt meine Arme auf dem Rücken zusammengebunden, die gummierten Handflächen einander

Die Ursache jeglichen Handelns sind Begehrlichkeiten

weich berührend, die Ellenbogen unter strenger und trotzdem angenehmer Spannung sich nicht berührend, jedoch als wollten sie einander näher kennenlernen, zueinander hingezogen.
Mit Seilen der gleichen Art nahm sie sich als nächstes die Fußgelenke vor – bezeichnender Weise an den Fesseln – sowie die Beine oberhalb der Kniegelenke – es wird beim Fesseln also immer die Vertiefung des jeweiligen Körperteils genutzt, um ein späteres Abgleiten der Fesseln zu vermeiden. Meine Frau wickelte das Seil natürlich nicht einfach wie einen lockeren Wollfaden um die aneinander liegenden Beine, vielmehr wird das Seil dabei mehrmals - um 90 Grad versetzt – um den in der

Mitte der beiden Beine entstehenden Steg gewunden, was erst zu
dem straffen, unverrückbaren Sitz des Ganzen führt.
Diese von ihr wiederum fachmännisch ausgeführte Fesselung
hätte bereits vollständig gereicht, mich zwecks eines
Befreiungsversuches alt aussehen zu lassen. Ich hätte mich
höchstens hüpfend in die Küche begeben können, um mit
einem Messer diesem Zustand zu entkommen – was ohne
regelmäßiges Üben sich nicht so einfach umsetzen lässt - aber
erstens wollte ich das überhaupt nicht und zweitens ging es jetzt
erst richtig los mit der totalen Fixierung. Man möchte ja mehr
und wenn es eigentlich schon genügt möchte man trotzdem
noch einen Nachschlag. Wie gesagt: Maßhalten kann in solchen
Situationen nur der aktive Part.
Allein das Wissen darum, dass die Bondage-Orgie weiter gehen
wird, das Spüren der Fesseln, der sich wunderbar anzufühlende

*Der eingepflanzte sexuelle Trieb ist der Dirigent im erotischen Konzert, in
dem gleichsam mit Bedacht ausgewählte Instrumente, jedes beigefügte oder
entfernte Kleidungsstück oder Fesselutensil Einfluss nimmt auf den Klang
der entstehenden Gefühle.*

Druck an den gebundenen Körperstellen, die immer stärker
werdenden Einschränkung der Bewegungsmöglichkeiten wie
gleichfalls die zu erwartenden Reduzierungen bestimmter
Sinneswahrnehmungen erzeugen ein exklusives, angenehmes
Gefühl, welches regelrecht die andere Stelle des Gehirns, die für
durchdachte, kontrollierte und vorausschauende Vorgänge
zuständig ist, auszuschalten vermag bzw. den Gedankenstrom,
welcher wahrscheinlich am Penis beginnt, erst gar nicht bis zum
Gehirn durchlässt. In solchen Situationen ist vor allem der
aktive Partner gefragt, der nun regulierend bzw. dann später
vollständig kontrollierend agieren muss. In diesem Fall aber tat
meine Partnerin genau das, was ich ihr vorgegeben hatte - nicht
weniger oder mehr - da sie sich in der Tiefe dieser Materie nicht

auskannte und sich auch nicht vorstellen konnte, welche Kräfte dort unkontrolliert wirken. Also ging es so richtig nach meinem Geschmack weiter. Wie ihr geheißen, schnallte sie um alle bereits gefesselten Stellen nochmals Lederriemen, was eine weitere
Verstärkung des Druckempfindens sowie die noch stärkere Einschränkung von Bewegungen zur Folge hatte und somit die Steigerung einer unersättlichen Wollust bewirkte.
Dann drehte sie mich auf den Rücken und begann endlich, mit dünnen Lederschnüren sich mit „meinem besten Stück" zu Befassen. Nachdem sie mir ein Kondom übergestreift hatte (für mich übrigens immer wieder eine taktile Leckerei, wenn der dünne, feuchte Gummi mit geübten Fingern am erigierten Penis hinab gerollt wird), führte sie in gewohnter Weise das Lederband drei bis viermal um die Peniswurzel - wobei sie es nach jeder Umrundung durch einen kurzen, auf delikate Art wahrnehmbaren kurzen Ruck straff zog - ging über Kreuz nach

Die ständig heftiger werdenden sexuellen Fiktionen wollen immer ähnlicher in die Realität umgesetzt werden.

vorn, um den Hodensack ganz oben zu umwickeln und zum Schluss nochmals drei bis vier Windungen – plus straffziehen - der angenehmen Lederschnur um den Penisschaft zu binden. Die Dosis, die darüber bestimmt, wie straff letztendlich die Schwanzfesselung wird, ist von außerordentlicher Wichtigkeit in Bezug auf angenehmes oder unangenehmes Empfinden und wiederum wegen der Verletzungsgefahr, die hier besonders groß ist. Doch dazu mehr in der nachfolgenden Erzählung.
Als nächstes folgte ein durchaus akrobatischer Akt, indem meine Partnerin mich in einen langen und ziemlich engen Gummisack zu manövrieren   hatte. Nach mehreren Sitzungen war das für uns zur Routine geworden, „Routine" aber nur in dem Sinne, was das praktische Umsetzen des   „Verbringens"   meines

Körpers in den Gummisack betraf, denn im Hinblick auf die begleitenden Gefühle war und ist dieser Vorgang immer wieder ein ganz besonderes haptisches Erlebnis. Mein Körper, nein – meine Körperteile, Arme, Beine, Finger, Fußzehen, das Gesicht, der Kopf – alles ist vollumfänglich, in konsequenter und doch liebevoller Weise mit Gummi bedeckt. Dieser Körper, von einer zweiten Haut eng umschlungen, auf phantastische Art gefangen genommen, durch Fesselung weitgehend bewegungsunfähig gemacht; verschiedene – ganzheitliche und einzelne – Drücke wahrnehmend, geniesend, wird nun in ein weiteres Stadium der Fixierung und Gummierung gebracht. Und das hat, man mag es kaum glauben, eine weitere Steigerung der Lust zur Folge.
Ich in liegender Stellung, führte sie mir den aufgekrempelten Sack bis hoch zum Po, stellte ich mich anschließend mit ihrer

Er wurde gewahr, wie er in einem Raum haptischer Empfindsamkeiten abglitt. Nun wurden ihm zauberhafte Gefühle zuteil, von welchen man ausschließlich in einem ihn gerade befindlichen Zustand zu kosten in der Lage ist.

Hilfe aufrecht vor das Bett, sodass sie nun den zusammengefalteten Rest des riesigen Kondoms solange nach oben zog, bis das Ende über meinen Kopf reichte. Danach legte ich mich - wiederum mit ihrer Hilfe – auf das Bett und wurde nun den wunderbar einengenden, die bis dahin verbliebenen Bewegungsmöglichkeiten nun gänzlich unmöglich machenden Druck der dicken Gummihülle gewahr, welche sich in einträchtiger Symbiose mit den bereits angelegten Fesseln zu einer perfekten und in absoluter Hilflosigkeit endenden Fixierung verwandelte. Der wörtlichen Beschreibung aller nun einwirkenden Empfindungen, von entfesselter Gefühlen und Sinneswahrnehmungen, die sämtlich einem bisher unbekannt waren, nicht bewusst, dass sie im eigenen Körper existieren und nur darauf gewartet haben aktiviert zu werden, kann es nicht gelingen, die tatsächlich gemachte praktische Erfahrung, die man als passiver Teilnehmer, nennen wir es meinetwegen „Bottom", dabei erfährt, adäquat zu erläutern. Menschen, welche die spezielle Affinität für derartige erotischen Szenarien nicht besitzen – diese notwendige Voraussetzung im eigenen Wesen, um sich mit Hingabe dieser Situation ergeben zu können und sich dadurch in ungeahnte Weiten von Sinnlichkeit fallen zu lassen - werden all das gesagte nicht verstehen, ja, sie Werden sich kopfschüttelnd abwenden und das Rätsel der sinnlichen Befreiung durch extreme Fesselung nie zu lösen in der Lage sein.

Ich aber kann solchen Handlungen ungemein beeindruckende Gefühlsausbrüche zuschreiben. Während des Erlebens solcher

Für Frauen mag ein Gummifetischist nur wenig bis gar nicht populär sein, vielmehr eher uninteressant oder zum Belächeln, weil sie nicht wissen, dass die Berührungskultur dieser Spezies eine besondere ist.

Zustände steht mir der Sinn weder nach Verstehen noch nach Erklärung des Ganzen. Es ist mir so unwichtig wie einem Verhungernden die Art der Speise, die man ihm vorsetzt. In dieser Phase will ich nur „das" erleben, genießen, egal warum. Dazu bin ich erst danach, später in der Lage – zumindest annähernd.

Beim Gleiten in einen schweren, dickwandigen Gummianzug begibt sich der Körper in eine wundersame Gefangenschaft. Diese denkbar engste Gefängniszelle raubt dir die Luft, diese flexible Gummizelle in Reinkultur lässt dich zugleich in einem Gefühl von eigenartiger Freiheit durchatmen; sie ermöglicht es dir, deinen Körper in ungeahnter Weise als Ganzes zu spüren, zu entdecken, zu erleben – und zwar durch den unerbittlich konsequenten, jedoch weichen Druck der alles umschließenden, anschmiegsamen Gummihaut. Dieses Gefängnis möchte man nicht mehr verlassen. Im Gegenteil, man wünscht sich zusätzlich noch gefesselt zu sein.

An dieser Stelle, an der ich mich inzwischen im Zustand massiver Erregung befand, fuhr meine Partnerin, wie von mir gefordert, mit der Behandlung fort, um die Fesselung sowie die Einschränkung einiger Sinneswahrnehmungen nochmals zu verstärken. Das hatte aber zur Folge, dass die Möglichkeit, mich in einem kritischen Moment bemerkbar machen zu können, sich annähernd auf das Maß Null reduzierte. Eine Option der Selbstbefreiung konnte bei dem bis dahin erlangten Zustand der Fixierung getrost ins Reich der Illusionen verwiesen werden.

Sie versteht es, ihn mit ihrem Wesen, ihrem Aussehen, ihrem Humor und ihren fraulichen Reizen zu fesseln, er hingegen versteht sich darauf, sie ganz im Sinne des Wortes korrekt zu fesseln und anständig zu knebeln, so dass sie auf keinen Fall davonlaufen möchte, obwohl er ihre Lobpreisung gerne zur Kenntnis genommen hätte.

„Einfach geil!" Zuerst öffnete sie den am Hinterkopf sitzenden Reißverschluss, um die Gummimaske kurz vom Kopf zu ziehen, weil sie in jedes Ohr einen abdichtenden Stöpsel schob, so dass ich nach dem erneuten Überstreifen jener so gut wie nichts mehr hörte. Umso mehr vernahm ich das Rauschen des eigenen Blutes – des Kreislaufes des Lebens - welches, wie ein Strom der Lust, vor allem an eine gewisse Stelle des Körpers floss, sodass die gerade angelegte Penisfesselung fast zu eng wurde, aber dennoch einen mich bezaubernden Druck erzeugte. „Unglaublich geil!"
Als nächsten Akt des Entzuges der Sinneseindrücke (oft als sensorische Deprivation bezeichnet) versah sie meinen Mund mit einem Knebel, den sie mittels Lederriemen angenehm straff festschnallte. Das ließ sich leicht ausführen, da hierfür in der Gummimaske eine Aussparung für den Mund vorausschauend

angebracht war. Laute durch Rufen würden nun schon in der Mundhöhle ihr Ende finden, die Atmung konnte nur noch erschwert am Knebel vorbei oder über die Nase erfolgen, „ wie geil das ist"! Mittlerweile - drei meiner Sinne waren nun in ihrer Funktion mehr oder minder eingeschränkt -. wurde mir der angenehme Druck der Fesseln wie der des gesamten Gummikokons, der wie ein Schlauch an meinem Körper anlag, verstärkt gewahr. Um diesen Druck, welcher den Kopf mit angemessenen Reizen versorgen sollte, zu optimieren, zog meine Partnerin mir über die bereits vorhandene Haube eine stramm sitzende Gasmaske. Solch ein Teil besitzt eine herausragende

Es ist eine außergewöhnliche Erfahrung, wenn Scham und Angst aufgrund der eigenen Gefühle wie welkes Laub abfallen, wenn man die wahren Konturen, das tatsächliche Holz, aus dem man geschnitzt ist, zeigen darf, nachdem es immerzu durch eine undurchdringliche Laubkrone verdeckt war.

Funktion bei Handlungen dieser Art, da sie einerseits den olfaktorischen Assoziationen eine besondere Qualität spezifischer Gerüche zollt, zum anderen eine Atmosphäre des absoluten, anheimelnden Einschlusses schafft und – wie soeben gesagt – eine exklusive haptische Wirkung erzeugt. So eine Gasmaske also, die ich sogar optisch – sofern sie meine Partnerin hin und wieder aufgesetzt hat – für außerordentlich erotisch halte, hatte ich nun in knallenger Weise übergezogen bekommen. „Super geil!"
Selbst an diesem Punkt war das Bondage – highlight noch nicht beendet. Mit Genugtuung spürte ich, wie mittels Lederriemen das untere Ende des Sackes, also dort bei den Fußgelenken, auf straffe Weise umschlungen wurde, wonach das andere Ende des Riemens am Eisengitter des Bettes seinen festen Halt fand. Nun legte sie mir ein ziemlich breites Lederhalsband um, wobei sie das obere Ende des Gummisackes in geraffter Art integrierte.

Durch den Metallring des Halsbandes zog sie einen weiteren Riemen, den sie am oberen Bettgestell festzurrte. Gleichsam, als wäre ein Wettbewerb unter Fesselkünstlern zu gewinnen, verschnürte meine Partnerin mich mit sehr stabilen Kofferriemen aus Leder - so, als sollten diese mich vor einem möglichen auseinanderdriften bewahren - über den Knien, an den Oberschenkeln, um die Taille und um die Brust – wobei in beiden letzteren Fällen die auf den Rücken gefesselten Arme mit eingeschlossen wurden und somit in keiner Weise mehr bewegt werden konnten. Jetzt endlich hatte sie mich in der von mir vorgegebenen Weise auf eine absolut sichere, haptischen und taktilen Reizen gerecht werdende sowie in sexueller Hinsicht überaus stimulierenden Art gefesselt, verschnürt, verpackt: sie

Lieber eine harmlose Perversität im Kopf als eine unangenehme Krankheit am Hals

hatte mich angehängt, blind und taub gemacht, mir den Mund verschlossen und das Atmen erschwert. Ich war dabei komplett in Gummi gehüllt, von Kopf bis Fuß, an Händen und Füßen, am Schwanz, und zusätzlich, mumifizierend, in einen schlauchartigen Sack aus dickem Gummi geschnallt, und um diese an sich völlig ausreichende Fixierung nochmals zu steigern, wurde ich als das so entstandene, fest verschnürte Paket, bestehend aus vielen Fesseln und reichlich Gummi, zur finalen Absicherung zwischen die Metallgitter des Bettes gespannt. „Absolut geil!", ich befand mich nur wenige Augenblicke vor einem wahnsinnigen Orgasmus. Besser konnte eine Session nicht sein!
Doch dann kam der Schock, schlagartig, blitzartig, gewaltig übermannte mich eine bis dahin nicht gekannte Angst. Panik war im Anflug, die eben noch so wahnsinnig geilen sexuellen Gefühle wanden sich in wenigen Augenblicken von mir ab und verkehrten sich ins totale Gegenteil. Eben – gerade eben noch –

betupften die wärmenden Strahlen der goldgelben Sonne über dem Garten Eden meine Seele mit köstlichen Ingredienzen der Lust, der Euphorie, der Zufriedenheit, ich schwebte durch ein Spalier exotischer Orangenbäumchen, deren reife Früchte mir süß in den Mund fielen und mich in einer unendlichen Weite der Sexualität schwelgen ließen. Ich war mir der Sache dieses erotischen Fesselabenteuers bis zu jenem Moment so sicher gewesen, dass ich keinen Gedanken an irgendeine Gefahr, an einen Zwischenfall, der mir die Stimmung vermiesen könnte, verschwendet habe. In geradezu kindischer Einfältigkeit hatte ich mich bei der geistigen Vorbereitung des Spiels einzig und allein auf den größtmöglichen Lustgewinn versteift und dabei die Fragen der Sicherheit betreffend völlig außer Acht gelassen.

Sie wollte mich umgarnen - vorzugsweise mit Schnüren und Lederriemen.

Diese Tatsache trat mir jetzt – da es zu spät war – als bittere Pille ins Bewusstsein. In der gesamten Zeitspanne, während dieser meine Partnerin sich mit mir beschäftigt hatte, war ich nicht nur in Hochstimmung geraten, vielmehr hätten nach den Bildern meiner Phantasie die fesselnden Handlungen gerne noch extremer ausfallen dürfen: noch mehr und noch straffer angebrachte Fesseln; noch mehr Gummi; noch dickere Masken - ja, auch die vereinbarte Zeitdauer, welche bis zu meiner Befreiung verrinnen sollte, also korrekt die Zeitspanne, in welcher meine Partnerin nicht anwesend und für mich nicht erreichbar war, ich also unwiderruflich allein sein und ohne Abstriche in diesem Zustand verharren musste, sollte nach meinen Vorstellungen in jener Phase ein viel, viel längeres Ausmaß haben.
Ein erotisches Spiel solchen Ausmaßes hatten wir bis dahin noch nie ausprobiert, allein in meinen ständig mich belauernden Obsessionen hatte ich bizarre Szenarien in allen möglichen und unmöglichen Varianten erdulden müssen.

Allerdings sind die angelegten Maßstäbe bezüglich der physischen und psychischen Machbarkeit in der triebgesteuerten Phantasie nur wenig praxistauglich. Ganz im Gegenteil, sie gaukeln einem etwas Wunderbares vor und verkehren sich schnell ins Gegenteil, so dass es – im besten Fall – zu einem bösen Erwachen kommen wird, im schlechten Fall könnte es dieses Erwachen nicht mehr geben. Das entscheidende Rüstzeug, welches uns für diese Stufe der Handlungen gefehlt hat, war die selbst erlebte, praktische Erfahrung. Von meiner Partnerin hätte ich sie keinesfalls voraussetzen können. Sie war

Der Druck von Fesseln sowie der Druck eines eng anliegenden Gummianzuges erfüllen die Erwartungen der Haut an ein besonders fühlbares Erlebnis.

in diesen Fragen nicht nur unbedarft, sie hatte überhaupt nur wegen mir und meinen Wünschen sich dieser Materie genähert und das notwendige Wissen ausschließlich durch meine Erläuterungen erhalten. Ich hatte bis zu jenem Zeitpunkt mich zwar reichlich mit diesen Themen befasst, hatte, was ich an Literatur bekommen konnte, gelesen und versucht zu verstehen. Wie man gleich sehen wird, hatte ich entweder nicht die geeigneten Schriften dafür zur Verfügung gehabt, oder aber hatte ich das Wesentliche nicht verstanden und verinnerlicht.
Der entscheidende Moment, in denen meine überragende, von sexueller Lust geschwängerte Hochstimmung seinen abrupten, totalen Absturz erfuhr, setzte genau nach jenen Sekunden ein, in welchem meine Partnerin einen leichten Klaps auf das verschnürte Gummibündel gab, was so viel hieß – wie ich aus Erfahrung unserer gemeinsamen Fesselspiele wusste - dass ihr getanes Werk vorerst sein Ende gefunden und nun die Phase meines Verharrens begonnen hatte; des weiteren die Sekunden, während derer sie ein paar Schritte bis zur Tür lief; und schließlich die eine, die alles entscheidende Sekunde, in der die

Tür hinter ihr ins Schloss fiel (die Geräusche, die durch die Tätigkeiten jener letzten Sekunden entstanden waren, vernahm ich nur unterschwellig, was in den vorher eingesetzten Ohrstöpseln begründet lag. Dieser Zustand ähnelte den sich allmählich abschwächenden Geräuschen nach der Verabreichung einer Narkose).
Klack. Tür zu. Ich allein. Halt! Komm zurück!
Zu spät.
Genau in diesem Augenblick begann der Wandel. Blitzartig. Der Draht der Kommunikation zwischen uns war wie durch das Messer des Fallbeiles zertrennt. Dieser Draht aber konnte die Garantie für mein Überleben sein. Mich traf ein Schock gleich einem blitzschnellen kurzen Haken über die herabhängendeDeckung beim Boxkampf. Ein Schock, der mich, auf Grund der eben noch verspürten Geilheit, welche mir bereits ein paar Tropfen Flüssigkeit ins Kondom gespült hatte, mit brachialer Gewalt in einen nie gekannten Abgrund der Angst und Panik riss. Jetzt erst wurde die Realität mir richtig gewahr. Ich war allein. Ich war hilflos – und es war nicht mehr im Geringsten geil. Es war furchtbar. Es war echt furchtbar, genau deshalb,
weil ich plötzlich allein war. Hilflos. Was hatte ich nur getan! Mir wurde mit einem Schlag bewusst, in welch gefährliche Lage ich mich hatte bringen lassen. Wie ein Stromschlag schoss es mir durch den Kopf, wie viele Möglichkeiten dem Gevatter Tod, vorzugsweise dem Erstickungstod, für mich in den mir bevorstehenden 45 Minuten zur Verfügung standen, wenn man für einen dieser sehr wahrscheinlich grausamen Art des Ablebens 1 bis höchstens 2 Minuten annehmen würde. Oder 3 Minuten. Ganz egal. Es stünde ausreichend Zeit dafür zur Verfügung. Ich spürte mit zunehmender Angst, dass diese Angst sich von selbst verstärkte. Mir wurde erst warm, gleich darauf heiß; mein Herz pochte wie wild, als wollte es die darüber liegenden Gummischichten und die vielen Fesseln mit roher

Gewalt vernichten; ich hörte das Blut in meinen Ohren rauschen, als würde ein Sturzbach durch meinen Kopf stürzen; mein Blutdruck musste auf 200 sein, mein Organismus schien sich selbst zu überholen, zu überdrehen, außer Kontrolle zu geraten wie ein übersteuerter Verbrennungsmotor. Die in mir aufsteigende unsägliche Hitze wurde zur unerträglichen Folter ohne Unterlass, denn sie konnte nicht entweichen, weil sie wie

Wenn ein mittels Ketten gefesselter Sexualpartner aufgrund des Einwirkens des aktiven Teilnehmers durch Kitzeln, Streicheln, Küssen, Lecken oder dergleichen unter wilden Zuckungen an den Fesseln zerrt, nennt man das Kettenreaktion.

ich gefangen war in diesem Gummikokon, der mir inzwischen den Eindruck eines Sarges Aus erhitztem Blei vermittelte. Diese Hitze wird mir die Luft nehmen, mich ersticken, sie wird meinen Kreislauf kollabieren lassen! Welche Möglichkeiten des Erstickungstodes waren hier noch möglich? Freilich, das Einlassventil der Gasmaske könnte ankleben, sich verklemmen, verrutschen – was weiß ich - jedenfalls seinen Dienst aufgeben, versagen, also keine Luft mehr durchlassen. Dieses Spiel kannte ich. Du willst Luft holen, aber kein Gramm gelangt in deinen Mund, geschweige denn in die Lunge. Du ziehst mit aller Kraft – es kommt keine Luft aber es scheint dir deinen Bauch zu zerreißen. Für ein paar Sekunden kann das ganz amüsant sein, weil dann, wenn die Sache beginnt gefährlich zu werden, die Zufuhr von Sauerstoff ganz plötzlich wieder funktioniert, denn – oh Glück – hat dich die Partnerin ganz genau beobachtet und die Unterbrechung der lebensnotwendigen Materie mit einem lächerlichen Handgriff beendet. Das aber wird jetzt keiner tun. Weil keiner da und der Draht der Kommunikation durchtrennt ist. Die süße Qual, welche süß ist, weil sie an genau der Stelle beendet wird, da die richtige Qual gerade beginnen möchte in Erscheinung zu treten, würde zwar auch in diesem Falle ihr

Ende finden, allerdings würde der unschöne Teil, die richtige Qual nicht ausgespart bleiben und, was der tragischste Teil dieser Veranstaltung wäre, gleichzeitig den kurzen und letzten Akt für den freiwillig angetretenen Darsteller dieses Stückes darstellen würde.
Oder die andere Gummimaske, die ich unter der Gasmaske trug, sollte die etwas verrutschen und die kleinen Nasenlöcher um nur einen Zentimeter ihre Lage verändern – wäre Ende, vorbei mit Atmen.
Ich könnte einen Nies- oder Hustenanfall bekommen, was durch den Knebel in meinem zu Schwierigkeiten führen könnte. Auch
ein Krampf an irgendeiner Stelle meines Körpers wäre bei dieser Zwangsfesselung nicht ausgeschlossen.
Welche Kräfte müssen wirken, um sich ohne Not in eine derart gefährliche Situation manövrieren zu lassen? Hat der sexuelle Trieb wirklich die Macht, vernünftiges Denken auszuschalten?
Ich darf auf keinen Fall in richtige Panik verfallen. Das wäre das schlimmste, was mir in dieser Situation passieren könnte. In dem Fall würde mein Kreislauf kollabieren, die Hitze ins würde in Kürze ein unerträgliches Maß erreichen, die Atmung in der weiteren Folge nicht mehr funktionieren…
Bleib ruhig liegen, bleib genau so, du kriegst ja Luft, du musst zwar ganz schön durch die Nase ziehen, wegen dem Knebel, aber Sauerstoff ist da; und vernünftig atmen, nicht zappeln, bloß nicht die Beine versuchen anzuziehen, dann wird das Halsband noch enger. Bleib ganz ruhig, reg dich nicht weiter auf, bis jetzt ist doch alles noch auszuhalten.
Im Moment steht es doch ganz gut. Relativ. Nicht bewegen, atme ruhiger, dann wird auch die Hitze weniger, hoffentlich, diese wahnsinnige Hitze.
Diese Gedanken rasten in wenigen Sekunden durch mein Gehirn. Trotzdem verbesserte sich bislang meine Stimmung nicht wirklich..

Um Gottes Willen keine Panik, nicht noch mehr davon. Bleib ruhig, ein paar Minuten hast du schon überstanden, Zeit vergeht doch immer schnell, jedenfalls meistens, atme langsam, der Herzschlag muss runter gehen; zähle ein wenig, bis 60, dann hast du eine Minute, das Zehnmal, und schon sind 6 Minuten weg. Vielleicht auch 7, wenn du langsam zählst. Mit der Zeit, die

Gleich der behäbig sinkenden Abendsonne gleite ich in die dumpf blubbernden Wellen des dickwandigen Gummisackes, um für die Dauer der Nacht in den Tiefen dieses Kokons auszuharren.

bis jetzt vergangen ist, sind es dann schon 10 Minuten, die du geschafft hast. Danach sollte dann das Befinden besser werden. Wenn ich die erste Viertelstunde überstanden habe, dann wird sich sicher auch mein seelisches Gleichgewicht einpendeln und die innere Ruhe wird wieder einkehren. Ruhe, die brauche ich unbedingt. Keine Hektik im Bauch, keine Panik im Kopf, schön ruhig bleiben und kühlen Kopf bewahren - kühler Kopf ist gut, mein gesamter Körper ist von einem dicken Schweißfilm überzogen, dem sich keine Möglichkeit zur Abkühlung bietet, da er daran von einer Gummihaut gehindert wird.
Während der ganzen Zeit befand ich mich in der Bauchlage, den Kopf, mit einer Gummimaske und über dieser mit einer Gasmaske überzogen, lag zur Seite gedreht, um der Atemluft Einlass zu gewähren. Die Fixierungen zu den Bettgestellen waren derart straff gespannt, dass ein Drehen um die Längsachse, also auf den Rücken, unmöglich war – so hatte ich es schließlich gewollt. Die auf den Rücken gefesselten Arme schliefen mir bereits ein, weil sie zu fest zusammengeschnürt waren – das hatte ich so gewollt. Auch die Füße begannen langsam taub zu werden - nun ja, sie waren halt auch dreifach gesichert – wie ich es gewollt hatte.
Das Wichtigste aber hatte ich aus lauter Geilheit vergessen, nämlich für einen Notfall vorzusorgen! Bei diesem Spiel hätte

meine Partnerin unbedingt im Zimmer bleiben müssen, damit
es ein Spiel bleiben konnte, aber nein, der Kick konnte gar
nicht groß genug sein – möglichst hätte sie die Tür noch
zusperren, zunageln sollen und anschließend hätte sie noch
verreisen sollen, für ein paar Tage, um mich hier so liegen
lassen … - ja, so hätte ich es in meinen Vorstellungen am
liebsten gehabt. Und sie hätte mich sogar noch mitsamt dem

Es geht mir unter die Haut, wenn ich unter die Haut gehe

Bett in einen Käfig schieben können, der mit dutzenden
Schlössern verriegelt und zur Sicherheit schließlich noch hätte
verschweißt werden sollen. Diese reizende Vorstellung hatte mir
meine Phantasie gemalt und sie direkt, ohne jegliche Kontrolle
durch das Gehirn, an meinen Penis geschickt, der wiederum als
autorisierter Diktator, den einen Befehl ausgegeben hat:
Ausführen!
Wie konnte ich nur so derartig leichtsinnig sein, so unbedacht.
Was ließ mich eine Gefahrensituation ignorieren, die bei gerade
diesen Spielen zu jedem Augenblick, sei es – wie eben jetzt bei
mir - durch plötzlichen Stimmungswechsel, sei es durch das
Auftreten plötzlicher Schmerzen, oder durch schlagartiges
einsetzen von Panik - entstehen kann? Ja, es war der
ungebremste Trieb, der nur noch forderte: Mach jetzt, mach
weiter, mach es gründlich, mach es extrem …, dieser Trieb, der
alles rationale Denken verbietet, es einfach außer Kraft setzt.
Und gerade um dieses Wissen hätte ich **vor** dem Beginn der
Aktion dafür sorgen müssen, dass der Sicherheitsschalter
erreichbar zu sein hat, dass also meine Partnerin ganz genau in
Kenntnis hätte gesetzt sein müssen, was in einem Notfall zu tun
ist, und zwar unbedingt und vor allem ganz schnell. Meine
Partnerin war diesbezüglich keine erfahrene Teilnehmerin, der
man ohne weiteres hätte zutrauen dürfen, bei einer derartig
durchgeführten Fixierung die richtigen Maßnahmen der

Überwachung des passiven Partners von sich aus einzuleiten.
Und genau das hatte ich gewusst. Sie war immer bemüht, nach
meiner Beschreibung zu agieren. Solche Handlungen, die wir
bereits viele Male zusammen betrieben hatten, war Sie mit
Genauigkeit und Einfühlungsvermögen zu erfüllen imstande.

*Ich hatte nie Leichen im Keller, dafür hin und wieder gefesselte Frauen im
Schlafzimmer*

Sie war immer eine verlässliche Partnerin, hatte jedoch nur
wenig
eigene kreative Ansätze und auch nicht das gewisse Gespür für
solche Situationen, in welcher ich mich gegenwärtig befand.
Sie ahnte in keiner Weise, dass ich in diesen mir unendlich
währenden Minuten einen Balanceakt zwischen Leben und Tod
vollzog und mich für die Situation, in die sie mich aufgrund
meines Willens gebracht hatte, regelrecht hasste. Sie würde erst
in 45 Minuten wieder aktiv werden, um mich - wie ausgemacht-
von meinen Fesseln zu befreien. Genauso, wie sie es vorher bei
ähnlichen Behandlungen schon so oft getan hatte. Das wurde
mir plötzlich auf brutale Weise bewusst. Mir konnte jetzt keiner
helfen. Auch nicht der Mensch, welcher sich nur ein paar
Sekunden weit von mir befand. Ich konnte ihn nicht herbeirufen
oder anderweitig informieren, alarmieren. Weil ich es so gewollt
hatte. Diesen grausamen Fakt konnte ich jetzt nur akzeptieren,
ich musste mich mit den Umständen arrangieren, wenn möglich
vielleicht sogar etwas anfreunden, um die Gedanken zu
befrieden und bloß nicht in panische Bewegungsversuche
abzugleiten, die außer dem Anstieg des Blutdruckes auch eine
weitere Wärmeentwicklung mit einhergehender Luftknappheit
zur Folge gehabt hätten. Aufregen konnte ich mich noch früh
genug. Der Entschluss, solche verantwortungslose Fesselspiele
in Zukunft garantiert zu unterlassen, stand in diesen, in

grauenhafter Weise durchlebten Momenten, für mich absolut
fest.

Während ich begann, langsam von 1 bis 60 zu zählen, wurden
plötzlich Erinnerungen in mir wach, welche mir Bilder von
Situationen vor Augen führten, die auf eigenartige Weise eine
mysteriöse Symbiose mit meiner gegenwärtigen Lage bildeten.

*Die häufig von mir getragenen Gummihüllen reiften mit fortschreitenden
Jahren zum unentbehrlichen Utensil*

Zum einen erwachte in meinen Gedanken ein Erlebnis aus
Kindertagen, das jedes Mal, wenn es lebendig wurde, einen
wohligen wie zugleich unheimlichen Schauer über meine Haut
schickte. Jetzt konnte es vielleicht zu meiner Ablenkung und
zum Vertreiben der Zeit verhelfen Wir Kinder waren damals
um die 10 bis 12 Jahre alt, als wir an einem Spätsommertag über
ein Stoppelfeld gingen, das für uns in jenem Moment die
unendlichen Weiten des Wilden Westens mit seinen Prärien
darstellte. Wir waren die mutigen Cowboys und suchten die
gefährlichsten Abenteuer, wovon uns auch die sengende Hitze
nicht abhalten sollte. Das Abenteuer ließ nicht lange auf sich
warten, als es in Form eines Wasserwagens vor uns stand.
Dieses riesige Wasserfass, das auf einen Anhänger montiert war,
diente als Tränke für die Kühe, die jedoch weit und breit nicht
zu sehen waren. Schon war der erste von uns auf das Gefährt
hochgeklettert und hatte im nächsten Moment den Deckel des
metallenen Ungetüms aufgeklappt. „Man, das ist ja irre, wie ein
richtiges U-Boot, da ist kein Tropfen Wasser drin". Das
stimmte. Bis auf die Tatsache, dass es nicht im Wasser lag, sah
dieser zylindrische, verzinkte Behälter mit dem oben angesetzten
Stutzen zum Auffüllen von Wasser schon beinahe wie ein
Unterseeboot aus. Der Einfüllstutzen, welcher einen
Durchmesser von vielleicht 50 cm hatte, konnte mittels eines
Metalldeckels fest verschlossen werden. Ideal für einen

Tauchgang. Es spielte plötzlich keine Rolle mehr, dass wir eben noch eine Gang von Cowboys auf dem Weg nach Santa Fe waren, nun verkörperten wir halt die Jünger von Jules Verne, indem wir mit der „Nautilus" 10.000 Meilen unter das Meer abtauchen wollten. Also hinein in das wundersame Tauchboot.

Gummi - und Fesselspiele sind nicht nur die Ouvertüre im Konzert der Begehrlichkeiten, sondern sie belegen auch in allen Tonlagen den Hauptteil.

Zu viert stiegen wir in das Fass. Für einen Augenblick hatte es uns regelrecht die Luft genommen, so eine wahnsinnige Hitze hatte sich in dem zylinderförmigen Blechbehälter durch die unerbittlich brennende Sonne gebildet. Aber egal, wir wollten tauchen. Mit „Fertigmachen zum Anblasen und drei Strich backbord vorwärts" oder ähnlichen Kommandos waren wir mitsamt unserer allseits blühenden Phantasie in Richtung Meeresboden unterwegs, als es plötzlich einen blechernen Knall gab. Von den draußen gebliebenen Jungs hatte es sich einer nicht
nehmen lassen, den Eisenluke herunterzuklappen und mittels der beidseitig angebrachten Hacken in den dafür vorgesehenen Laschen einzurasten. Zu. Nun war das U-Boot verschlossen. Das hätte es bei der Unterwasserfahrt von Anfang an sein müssen, nun jedoch, wo die Schotten endlich korrekt abgedichtet waren, wurde mir schlagartig komisch zumute. Auch den anderen drei Tiefseematrosen war die Angst anzusehen. Die ohnehin starke Hitze wurde blitzartig unerträglich. Wir hatten von innen nicht die geringste Chance, aus diesem Blechsarg zu entkommen. Die Luft würde auch bald alle werden, wir könnten ersticken oder schon vorher, aufgrund der permanent steigenden Temperatur, den Tod erleiden! „So eine Scheiße, macht auf ihr Idioten!" Nichts. Draußen herrschte Stille. „Die sind doch nicht etwa getürmt!" Dieser Angst und Hitze produzierende Zustand, welcher mich damals in

Sekundenschnelle ereilt hatte, war identisch mit jenem Gefühl,
das mich vor ein paar Minuten hier im Gummisack überrascht
hatte.
Durch das Verhalten der jeweils anderen mit Eingekerkerten
waren wir drauf und dran in Panik zu verfallen. Wir trommelten

*Der Gummianzug bedeckt deine Haut – die größte Gefühlslandschaft
deines Körpers*

mit Fäusten und Füßen an die Innenseite des rund gewölbten
Fasses, so dass ein ohrenbetäubender, unheimlich schallender
Krach entstand, der unsere Panik noch beförderte. Wir vier
hoffnungslos Gefangenen hatten knallrote Gesichter, unsere
Klamotten waren klatschnass, die Verzweiflung stand jedem
Einzelnen von uns ins Gesicht geschrieben. „Warum sind wir
Idioten nur in   diese verdammte Blechtonne gestiegen? Nie
wieder würden wir so etwas tun!" Unsere Mitstreiter draußen
hatten uns natürlich nicht im Stich gelassen und nach einer
kurzen Weile, die uns als Gefangene im inneren dieses
Eisenkessels unendlich lange erschienen war, konnten wir
endlich wieder den blauen Himmel, die weite Ferne, das Licht
und vor allem das Gefühl der Freiheit genießen. Dieser Film aus
fernen Tagen, dargebracht aus den Tiefen meiner Erinnerungen,
war ein Teil des Programms, das mir nun in einer erneuten
Gefangenschaft vor Augen geführt wurde.
Hatte dieses Kindheitserlebnis vielleicht eine weitere Tür in
dem Haus meiner erotischen Obsessionen aufgestoßen? Mir
gingen in Windeseile noch ein paar andere, ähnlich gelagerte
Sachen durch den Kopf, welche mir in unbestimmter,
geheimnisvoller Weise seltsame Gefühle im Unterbauch
verschafft hatten und in meinen sexuellen Phantasien - bis
heute- immer wieder eine gewisse Rolle spielen. So sehe ich
mich selbst wieder, als ich, derzeit in einem Alter von etwa 8
Jahren, einen Rucksack – der damals bei uns als

„Campingbeutel" bezeichnet wurde – über meinen Kopf stülpte, die Schnur, welche zum Verschließen desselben gedacht war, am Hals zusammenzog, um dadurch ein anheimelndes Gefühl der Geborgenheit wie gleichzeitig des eingesperrt seins

zu erfahren. Das Material der Innenseite des Sackes bestand aus einem Kunststoff, der im weitesten Sinne eine Ähnlichkeit zu Gummi aufwies; jedenfalls wurde mir darunter schnell warm und das Atmen fiel mir nach kurzer Zeit schwer, wozu ein spezieller Geruch sich gesellte, welche die gummiartige Auskleidung ausströmte und mir durchaus angenehm erschien. Nicht selten gönnte ich mir jene Empfindungen, wenngleich ich diese Handlung selbstverständlich nur allein, unter größter Geheimhaltung vollzog und ich mir gleichsam dabei irgendwie eigenartig vorkam, was wahrscheinlich die Folge einer Scham war, die mir unterschwellig anhaftete. Vielleicht verbarg sich in diesem Verhalten bereits die Vorstufe meiner später einsetzenden Affinität zum Tragen von Masken und Hauben verschiedener Ausführungen. Ein ähnliches Phänomen, welches ebenfalls in den mir unendlich lang erscheinenden Augenblicken meines gegenwärtigen, von Hilflosigkeit gekennzeichneten Zustandes durch den Kopf rauschte, berührt die gleiche, eben geschilderte Thematik. Etwa zehn Jahre mögen seit der beklemmenden Gefangenschaft in der Metallröhre ins Land gegangen sein, als ich mit großem Interesse einen Bericht las, den eine junge Frau verfasst hatte. Sie schilderte auf interessante Weise, wie sie im Kellergeschoss eines Bordells sich hatte fesseln und in einen Sarg legen lassen, welcher zusätzlich abgeschlossen wurde. In dieser hilflosen Lage musste sie, nun im Keller völlig allein gelassen, eine unbestimmte Zeit verweilen.

Dieser Akt sollte nach ihren Ausführungen eine Art Mutprobe darstellen, die sie zu bestehen hatte, wollte sie in besagtem

Selbst beim Lesen verirre ich mich hin und wieder in meine sexuellen Obsessionen: ich lese statt larix decidua – Latex decidua; statt Ladezone – Latexzone; statt Gaumenfreuden – Gummifreuden …

Etablissement als Domina aufgenommen werden. Zu jener Zeit besaß ich zwar jede Menge Interesse bezüglich solcher Praktiken, hatte aber nicht den Hauch einer Ahnung, was dabei mit dem eigenen Körper passiert, in welch prekären Gemütszustand man dabei ganz schnell geraten kann, geschweige denn, wie solche Art Sitzungen vorbereitet und durchgeführt werden sollten, um dem passiven Partner einen echten Genuss zu gewährleisten - nämlich einen, der nicht durch abruptes Einsetzen von Panik blitzartig ins Gegenteil verkehrt wird. Mit dieser Naivität behaftet las ich also in Erwartung noch größerer Ereignisse, welche der Frau doch noch widerfahren müssten, den Bericht weiter und fand mich sogleich im Zustand großer Enttäuschung wieder, als das von mir erwartete große erotische Abenteuer ausblieb. „Das war schon alles? Was soll denn an dieser Sache so Besonderes sein, wo ist denn hier der Kick, wo die Mutprobe? Die Frau ist in gefesseltem Zustand, sie legt sich in den Sarg, kann dort sogar schlafen, wenn sie will, bis dann einer kommt und sie wieder befreit – das ist mir entschieden zu wenig". Diese Gedankenspiele hegte ich noch lange Zeit, mir immer wieder die gleiche Frage stellend: „Was soll einem so eine läppische Behandlung geben, wo ist da der neuralgische Punkt?". Genau an dem Tag aber, an dem **ich** gefesselt, in einem Gummisack verschnürt, aufgespannt auf dem Bett lag – noch nicht mal in einem Sarg, mit diesem weggesperrt und verlassen in einem einsamen Keller - jedoch ohne die geringste Chance mich selbst befreien oder doch zumindest eine sofortige Befreiung

herbeirufen zu können, an diesem Tag wurde mir auf grausame
Weise klar, **was** der Kick der Frau war, **was** eigentlich
dazugehört, so etwas in dieser Weise mit sich machen zu lassen.

Im Gegensatz zum Bierbrauen gibt es in der Sexualität kein Reinheitsgebot

Diese Frau lag gefesselt und eingesperrt in einer Kiste, im
Dunkeln, ohnmächtig sich selbst befreien zu können, mit der
latenten Gefahr behaftet, jeden Augenblick in Panik fallen zu
können und in völliger Ungewissheit darüber, wann sie aus
dieser hilflosen Lage endlich wieder würde entlassen werden.
Das war sensationell. Ja, das war eine Leistung. Das hatte ich,
dummerweise in eine vergleichbare Lage geraten, endlich
verstanden. Leider erst da. Denn wäre ich früher mit diesen
Wassern gewaschen wurden, wäre ich niemals ohne
Rettungsring
in die Fluten mit diesen heimtückischen Strudeln gesprungen.
Nun war es zu spät.
Ich zählte beständig weiter, bog nach jeweils 60 einen meiner
Finger ein, was mit auf den Rücken gefesselten Händen nicht
ohne Anstrengung zu bewerkstelligen war. Aber es
funktionierte. Mein Organismus fuhr langsam runter, der
Herzschlag normalisierte sich, die Frequenz wurde langsamer
und ich spürte das Pochen des Pulses nicht mehr im ganzen
Körper. Die alles umschließende Hitze war zwar noch
vorhanden, wurde aber erträglicher, Sauerstoff drang
ausreichend durch das Einlassventil der Gasmaske, die
Schmerzen bzw. die Taubheit der zu straff gefesselten Stellen
waren auszuhalten, ein anfangs befürchteter Krampf wie auch
ein Hustenanfall schienen sich nicht einzustellen – also soweit
alles in Ordnung. Ein Drittel der Zeit könnte bereits verstrichen
sein, eventuell sogar ein paar Minuten mehr. Wenn ich in dieser

*Als Fetischist ist man einem Stück seelenloser Materie verfallen, einem
Dämon. Er hält deine Seele gefangen. Er ist nicht böse oder falsch, aber er
ist unerbittlich. Auch wenn du wünschtest, ihn zu ignorieren, von ihm zu
lassen, ihn nicht mehr zu benötigen: Vergiss es! Du schaffst es nicht. Du
schaffst es nicht, weil es dir nicht möglich ist, es wirklich zu wollen. Du
selbst bist der unabkömmliche Sklave deines Fetischs.*

Weise weiter machen würde, meinen jetzt erreichten Zustand
stabilisieren, die Ruhe weiterhin wahren könnte, dann sollte es
mir gelingen, diese unkomfortable, ja schreckliche Situation
unbeschadet zu überstehen. Die Aussicht, in absehbarer Zeit
diese Stätte der Gefangenschaft zu verlassen, erweckte in mir
Freude in einer Größenordnung, wie ich sie seit langem nicht
mehr verspürt hatte. Nach einer Ewigkeit des Zählens, des
Nachdenkens, des Schwitzens, der Ängste und Hoffnungen, der
Addition von Minuten zu einer Summe, die nun eigentlich
reichen sollte, den Rahmen der bis zu meiner Befreiung
vereinbarten Zeit zu schließen, spürte ich mit Unbehagen, wie
mein Organismus plötzlich anfing wieder hochzufahren. Die
körpereigenen Reaktionen schienen völlig unkontrolliert,
unabhängig von meinem Wollen, zum wiederholten Mal in eine
Richtung zu drehen, deren Endstation offenbar nur Panik
heißen konnte. Das Herz begann erneut zu rasen, die Atmung
ging schwer und viel zu schnell, die Hitze stieg abermals ins
Unerträgliche, neuer Schweiß zog über die bereits verklebte
Haut. Dieses mir inzwischen bekannte, Wärme erzeugende,
unheimliche Gefühl stieg in mir auf und krampfte sich in der
Bauchgegend fest, von wo aus panische Angst sich wieder
unerbittlich über mich auszubreiten begann. Plötzlich
bedrängten mich Gedanken, dass meine Erlösung aus dieser
misslichen Lage, warum auch immer, sich verzögern könnte.
Vielleicht hatte meine Partnerin einfach vergessen auf die Uhr
zu schauen oder sie war so sehr in einen Fernsehfilm vertieft,
dass sie Zeit und Raum um sich vergaß, und somit auch ihre

dringliche Aufgabe, mich zu befreien. Oder es hatte jemand
angerufen. Dann konnte es leicht geschehen, dass sie locker eine

*Manch einer legt sich gerne auf die faule Haut. Ich bevorzuge die glatte
Haut.*

halbe Stunde telefonierte. Oder es hatte geklingelt und sie stand
draußen vor der Tür, plötzlich vertieft in ein Gespräch von 15
Minuten oder mehr. Die Folgen wären verheerend. Das spürte
ich bereits. Jede Minute, die weiterhin verstreichen würde, ohne
ein Anzeichen ihres Erscheinens zu offenbaren, musste mich
zwangsläufig in eine noch größere Unruhe, in eine für mich
unkontrollierbare Panik treiben, weil die Hoffnung, die mich bis
jetzt beflügelt hatte, die vereinbarte Zeitspanne durchzustehen,
alles auszuhalten - weil diese begründete Hoffnung auf eine
pünktliche Befreiung schlagartig zu Nichte gemacht würde. So
musste einem Ertrinkenden zumute sein, der, für ein paar
winzige   Augenblicke,   nochmals   die   rettende
Wasseroberfläche
erreichend und kurz nach Luft schnappend, verlassen von allen
Kräften wie auch von jeglichem Überlebenswillen, im nächsten
Moment völlig entkräftet, langsam schwebend hinab in das
Dunkel der Tiefe sinkt.
Sofort und rasend schnell verdunkelten weitere, düstere
Gedanken meine Stimmung: Eine Vorstellung ließ mich wie
einen Eisblock erstarren. Der Moment, in dem meine Partnerin
zwecks Befreiung wieder zu mir ins Zimmer kommen würde,
um mich zu befreien, der Gefesselte aber wäre nun nicht mehr
am Leben. Wie würde sie auf eine derartige Katastrophe
reagieren? Wahrscheinlich würde als erste Reaktion ihre Atmung
aussetzen, ihr Blutdruck gleich einem kochenden Geysir in die

*Ein Gummisack ist ein die Bewegung einschränkendes Futteral, eine
Hülle, ein streng fixierendes Refugium, das mit Riemen, Schnallen,*

Höhe schießen. Sie müsste Notarzt und Polizei alarmieren. Der
Staatsanwalt müsste nach Feststellung des Todes erscheinen.
Die Presse würde informiert. Außerdem würde meine Partnerin
in Verdacht geraten, am Geschehen zumindest nicht gänzlich
unschuldig zu sein, ja vielleicht würde man ihr sogar eine
Tötungsabsicht unterstellen. Um Gottes Willen, ein Berg
unheimlicher Vorstellung verstellte meinen Gedanken einen
klaren Blick. Mein Kreislauf begann bereits wieder zu rasen,
mein Puls Pochte in den Adern wie das Unheil an die Tür. Ich
nehme an, dass das von mir ausgemalte Szenario nicht mehr
lange auf sich warten lassen hätte, wäre die ersehnte Hoffnung
der Befreiung nicht in jenem dunkelsten aller Momente noch
rechtzeitig in Erfüllung gegangen.
Gottlob war mir das Absinken in das Nichts erspart geblieben.
Ich bekam noch rechtzeitig den heißersehnten Rettungsring
umgelegt, der mich in die Lage versetzte, an der
lebenspendenden Oberfläche zu verweilen.
Mein Herz begann vor Freude zu hüpfen, als ich diese
wunderbaren Geräusche, die einer befreiungs-Hymne
gleichkamen, vernahm: das Öffnen der Tür und die sich rasch
nähernden Trippelschritte meiner Partnerin verhießen mir in
diesem heißersehnten Moment meine Rettung. Als wäre es ein
ganz alltäglicher Vorgang, begann sofort meine Partnerin damit,
alles mir umgelegte, alles mich verpackende, mich fesselnde,
verschnürende, mich in all meinen Bewegungen hemmende, mir
das Atmen erschwerende, mir meine Sinne raubende - ja
einfach alles mich bislang beinahe vernichtende, von mir zu
nehmen. Das war eine wahre Erlösung, alle Fesseln vielen von

mir im wahrsten Sinne des Wortes. Nur nach einem stand mir der Sinn:

Meine Seele bedient sich weniger einer Hängematte als einem Gummisack

Nie wieder! Von derartigen Experimenten nimmst du ab jetzt und in Zukunft Abstand!
Mit jeder Fessel, die von mir genommen wurde, steigerte mein Blutkreislauf seine Zirkulation, wurde mir gewahr, dass ich endlich wieder zu eigenständigen Bewegungen meiner Körperteile fähig war. Nach dem Abnehmen der Masken wurde es plötzlich hell, ich vernahm Geräusche, und ich wäre nach der Entfernung des Knebels aus dem Mund sogar zum Sprechen imstande gewesen. Jedoch unterließ ich dies wohlweislich, weil ich in diesem Moment genau das von mir gegeben hätte, was meine Partnerin in ihrer Ansicht bestärkt hätte, den ganzen Käse doch am besten sein zu lassen und somit alle Utensilien für immer wegzusperren, besser noch zu entsorgen. Klar, wie eben gesagt, das wollte ich in diesem Moment auch, aber um das Thema jetzt auszuwerten und breitzutreten hatte ich in dieser Phase wirklich keine Muse. Ich wollte gerade nichts anderes, als die soeben geschehene, wunderbare Befreiung, meine heiß ersehnte Entfesselung, meinen Wiedereintritt ins Leben genießen. Ich muss nicht extra betonen, dass meine Vorsätze keinen langen Bestand hatten. Wahr ist, dass sie gar keinen Bestand hatten. Sie waren chancenlos gegenüber der Kraft des mir innewohnenden, unerbittlich dirigierenden Triebes, dessen Wirken, wie von einer genetischen Matrize vorgestanzt, unabänderliche Handlungsmuster erzeugt und somit mein erotisch bedingtes Sein und Tun auf die gleiche Stufe wie die meiner Atmung und meines Herzschlages stellt. Man ist wie man ist und man bleibt wie man ist.

Es ist ein Rätsel, welches man lösen möchte; eine Aufgabe, um zu erfahren: Woher kommt mein fetischbeladener Trieb, wie hat er bezüglich meiner Entwicklung gewirkt, welche Bedeutung nimmt er für mein tägliches Leben ein, wie wirkt er sich auf das Zusammenleben mit einer Partnerin aus.

Meine Tagträume in möglichst identischer Weise Wirklichkeit werden zu lassen, war selbst nach diesem am eigenen Leib erfahrenen Erlebnis ungebrochen – die völlige Unbeschwertheit Aber - besser gesagt die Naivität des nicht Wissenden, wurde durch ein bedachtes, verantwortungsvolles Planen und Handeln Aber eines hat sich doch geändert: Die Betrachtungsweise solcher Spielarten in Bezug auf ihre Durchführbarkeit im Allgemeinen und ihrer auf garantierter Sicherheit beruhenden praktischen Umsetzung im Speziellen. Mein Drang, die unzähligen Bilder meiner Obsessionen zum Leben zu erwecken, ersetzt. Die mir anhaftenden Facetten sind geblieben, aber das Verhalten hat sich drastisch geändert, es ist seitdem berechenbarer geworden, um den anarchischen Trieb mit der gebotenen Vernunft zu regulieren. Der zügellosen Lust ein wohldurchdachtes Kalkül entgegenzusetzen, hat sich somit bei derartigen speziellen Spielen nicht nur etabliert, sondern sich zu einer unentbehrlichen Prämisse erhoben.

Die folgende Schilderung eines zur angenehmen wie häufigen Gewohnheit gewordenen sexuellen Spiels mit Partnerin und fetischistischen Bezug zeigt, dass eine Session, die sich als weniger gefährlich erweist und keine Panik auszulösen imstande ist, der oben beschriebenen Fessel – und Isolationspraktiken, bei denen der passive Partner allein gelassen wird, in Puncto Reizbefriedigung in nichts nachsteht. Wenngleich jene vorher geschilderte Methode bei gut organisierten Sicherheitsvorkehrungen zu meinen Favoriten als Mittel für die Befriedigung der Lust wie zur Befriedung der Seele zählt, kann ich diese Art erotischer Meetings durchaus als die Beste bezeichnen:

Das tägliche Verhalten bewegt sich mehr und mehr im Gleichschritt mit der sexuellen Obsession

Die Kleidung, welche ich mir für diese Erlebnisse anlegte, bestand ebenfalls wieder aus Gummi. Mit Vorliebe legte ich mir einen Einteiler an, dazu Handschuhe, Socken und eine Maske, die nur mit einer Öffnung an der Nase für die Atmung versehen war. Wahlweise zog ich darüber noch eine Gasmaske, die eng anliegen musste und am Hals mit einem breiten Lederriemen gesichert wurde. Sämtliche Materialien zum Festbinden legte ich bereit, um meiner Partnerin die jeweilige Art der Fesselung anzuzeigen. Sie verstand es, mit den entsprechenden Utensilien zweckmäßig umzugehen, soweit ich sie zurechtgelegt hatte. Fixierungen nach ihren Vorstellungen gab es nur selten, da sie von ihrer Phantasie auf diesem Gebiet bei weitem nicht so stark inspiriert wird, wie das bei mir der Fall ist. Ich hätte mich ab und an auch gerne mal überraschen lassen, auf welche Art und Weise, in welcher Stellung sie mich womit und woran fesseln würde, wie lange sie mich in diesem Zustand belassen und was sie währenddessen mit mir anstellen würde, weil das bei mir einen zusätzlichen Kick auslösen kann. Wenn dies jedoch auch nicht oft der Fall war, so soll das keinesfalls einen Tadel über das Verhalten meiner Partnerin ausdrücken, weil sie im Übrigen ihren Part in hervorragender Weise ausführte, was man wohl in Anbetracht der Spezifik meiner erotischen Wünsche nicht hoch genug bewerten kann.
Ich legte mich also, vollständig in Gummi gehüllt sowie der Fähigkeit des Sehens beraubt, rücklings aufs Bett, dessen Matratze ebenfalls mit einem Gummilaken bespannt war, und streckte alle Viere sternförmig von mir. Allein diese Tätigkeit in Vorfreude der zu erwartenden Fesselung nebst Behandlung steigerte bereits mein Lustgefühl. Jetzt erahnte ich schon, wie

die Ledermanschetten mit angenehmen und doch konsequenten Druck meine Hand- und Fußgelenke umfassen, wie mein Körper zwischen den Bettpfosten gestreckt, wie ich mehr und mehr meiner Bewegungsmöglichkeiten beraubt wurde.
Die Manschetten waren jeweils mit einem Lederriemen versehen, womit meine Partnerin Hände und Füße, ausgebreitet von mir gestreckt an die eisernen Bettgestelle an der Ober- bzw. Unterseite des Bettes zog, so dass diese fast bis an die Metallstangen heranreichten. Sie stellte die Riemen in zwei bis drei Durchgängen immer etwas straffer, bis mein Körper vollkommen gestreckt aufgespannt dalag. Durch die gewählte Breite der Ledermanschetten von etwa 5 cm wird trotz der großen Spannung ein zu starkes Einschneiden in die Haut wie auch ein zu schnelles Abschnüren der Nerven weitgehend
vermieden, was für einen echten Genuss des gefesselt seins bei längerer Zeitdauer unentbehrlich ist. Obgleich diese Fesselung im Hinblick auf eine Selbstbefreiung völlig ausreichend war, durfte ich sofort die nächste Stufe der Fixierung erfahren. Das geschah schon deswegen, weil ich, wie beschrieben, die entsprechenden Materialien wegweisend für meine Partnerin bereitgelegt hatte, was wiederum der für Fetischisten typischen Überhöhung einzelner Module Rechnung tragen sollte. Diese Übertreibungen, Übersättigungen, lassen sich an vielen Beispielen beobachten. So ziehe ich mir manchmal zwei Gummianzüge gleichzeitig übereinander an, zusätzlich darüber noch einen Gummimantel. Auch Handschuhe oder Masken streife ich mir sehr gerne mehrfach über. In den wuchtigen Gummisack schlüpfe ich nur selten nackt, viel lieber krieche ich in das Innere diese Kokons in bereits gut gummiertem Zustand. Und so verhält es sich gleichsam beim Fesseln. Durch das

Maximale „Behäutung" hat für mich maximale Bedeutung

Verwenden von vielen sowie unterschiedlichen Fesselutensilien wird zum einen die Bewegungsfähigkeit stärker eingeschränkt, womit ein Gefühl der Hilflosigkeit wachsende Bestätigung findet, zum anderen werden taktilen Reize aktiviert, die durch verschiedene Arten von Drücken hervorgerufen werden.
Trotz zweier Masken, welche ich mir übergezogen hatte, vernahm ich das metallene Klappern der Hand- und Fußschellen, das klickende Geräusch der einrastenden Bügel, ich spürte den Druck an neuen Stellen, das starke, unwiderstehliche Umschließen, das unverrückbare Festhalten der eisernen Fesseln, den unnachgiebigen, jede Bewegung Verhindernden Griff, nachdem meine Partnerin die Schellen nochmals um eine Raste mehr zusammendrückte. Mein Körper wurde durch das Verengen der Fesseln abermals gestreckt, sodass nun der geeignete Moment gekommen war, indem ichmit Freude bemerkte, dass mir um die Taille ein stabiler, breiter Ledergürtel geschnallt wurde. Das nochmalige straff ziehen des Riemens mit anschließendem Einrasten in eine davor liegende Lochreihe der aus drei Zinken bestehenden Gürtelschnalle nahm mir fast die Luft und ließ mich zugleich tief durchatmen. So aktiv kann man außerhalb dieses Zustandes die absolute Passivität niemals erleben. Das eigene Tun beschränkt sich ausschließlich auf das Atmen, das Genießen und das Anwachsen der Erektion. Das Zucken einzelner Körperteile, das leichte Einbiegen der Finger und der Fußzehen will ich nicht als Aktivität, sondern vielmehr als die unbewussten Kontraktionen einzelner Muskeln und Gliedmaßen auf Grund von

Selbst ein ausschließlich sexuell dominant veranlagter Mensch ist hauptsächlich ein sich Unterwerfender. Er ist Sklave seiner eigenen Obsessionen. Die wirklich bestimmende Kraft ist das Laster, der Trieb, er dominiert den eigenen Willen, er ist der eigentliche Wille.

Folgereaktion bezeichnen, die als ausgleichende Bewegungen des ansonsten völlig bewegungsunfähigen Körpers sowie als Ausdruck eines sexuellen und psychischen Entzückens dienen soll. Dass auch bei einem erotischen Spiel das Besondere im Detail steckt, zeigt die wunderbare Wirkung auf das Gesamtbefinden in einer kleinen Berührung durch meine Partnerin, indem sie immer nach dem Anlegen des Gürtels mit ihrer flachen Hand sanft und doch bestimmt auf meinen mit Gummi straff bespannten Bauch klatschte, was der Geste gleichkam, einen weiteren Abschnitt der Behandlung zur Zufriedenheit beider Beteiligter erledigt zu haben.

In diesem Tenor ging die konsequente Arretierung sofort weiter, da ich mit Wohlwollen vernahm, als meine Partnerin hörbar die langen, von mir selbst zurechtgelegten Lederriemen zur Hand nahm. Einen dieser Riemen legte sie mir in mehreren Windungen und angemessener Spannung um den bereits mit einem Riemen versehenen Hals, von wo die beiden Enden zum Zwecke des Festschnallens an den Eisenstäben am oberen Ende des Bettes verbunden und straff gezogen wurden. Somit war nun mein Kopf gleich meinen Armen und Beinen unverrückbar

fixiert. Die beiden anderen Riemen legte sie jeweils ganz oben im Schritt um die Oberschenkel und zog sie angenehm straff, sodass beiderseits meines Genitals ein angenehm derber Druck erzeugt wurde. Diese spezielle Auswahl auserwählter Empfindungen, welche ich bis dahin ertragen durfte, bildete nun die Grundlage für die weitere Behandlung, welche den Gipfel erotischer Empfindsamkeit erleben zu können versprach.

Man sollte jedoch immer Maß halten, denn selbst wenn die Speise hervorragend schmeckt, liegen einem 10 grüne Klöße mit Sicherheit schwer im Magen. So manch einer ist beim Essen erstickt oder dabei anderweitig zu Tode gekommen

Meine Partnerin begann die heißersehnte Session, indem sie den Reißverschluss des Gummianzuges, welcher durch den Schritt verläuft, öffnete, um somit meinen mittlerweile anständig erigierten Penis das Tageslicht zu zeigen. Er sollte in den folgenden 30 Minuten im Mittelpunkt der Aktivitäten meiner Partnerin stehen und somit separat dem gleichen Prinzip unterworfen werden, welches mein übriger Körper bis zu diesem Zeitpunkt hatte erfahren dürfen. Das heißt, dieses mein gesamtes Geschlechtsteil sollte jetzt auf besondere Weise verschnürt, in Vorbereitung dessen aber vorher gleichsam vollständig in Gummi gehüllt werden. Mir war dieses schon viele Male erlebte, aber trotzdem niemals langweilig oder eintönig werdende Spiel bestens bekannt: Dieses Wahnsinns – Spiel, das inzwischen bis in die kleinsten Details durchgerechnet und danach ausgefeilt worden war, um jenes Substrat herauszudestillieren, welches die Quelle des sexuellen Triebes unermüdlich sprudeln lässt, um wieder und wieder aus dem Kelch voller unglaublicher Emotionen in vollen Zügen zu probieren. Und so wuchs in rasanter Geschwindigkeit die Vorfreude in mir, ließ mich in Erwartung dessen schwelgen, was da gewiss kommen wird und mir trotzdem wieder ein einmaliges Gefühl zutragen wird – eines - das nicht ein zweites Mal in diesem Leben zu existieren scheint. Sie nahm also ein Kondom von jener Sorte, welche schon angefeuchtet sind, um es über meinen Penis zu streifen, wodurch das erektile Verhalten des verwöhnten Organs sich nochmals steigerte. Anschließend nahm sie eine dünne, glatte Lederschnur zwischen ihre Finger und wickelte diese oberhalb der Hoden um den Hodensack, was bewirkte, dass dieser sich sofort fest und rund präsentierte. Das

Meine erotischen Träume haben – offensichtlich von der Natur so gewollt – ein Eigenleben. Ein absolut dominierendes.

nämlich ist die Voraussetzung, damit das in der weiteren Folge zur Hand genommene Penis – Hoden - Kondom sich einfacher anlegen lässt, weil dieses aus dickerem Latex besteht. Der für den Hoden bestimmte Teil lässt sich nun ganz leicht über die stramm zusammengeschnürte Hoden - Kugel stülpen, wobei der straffe Sitz wiederum zu einer Steigerung des Lustgefühls beiträgt. Doch jetzt ist etwas Fingerspitzengefühl nebst Vorsicht der Partnerin geboten, indem nun der nur noch wenig biegsame Penis in die vorgesehenen oberen Teil einzuführen ist. Sie muss ihn entgegen der Erektion in Richtung der Füße drücken bei gleichzeitigem Hochziehen der Öffnung, was das Anheben des bereits verpackten Hodens zur Folge hat. Sobald aber die Eichel eingefädelt ist, lässt sich durch das feuchte Kondom der Rest ganz einfach darüber schnappen. Durch diese Behandlung wird der Penis gleich einem Gefäß voller göttlicher Empfindungen anschwellen, und abermals werden unzählige Körpermuskeln einen irren, zuckenden Tanz aufführen. Durch dieses starke, enganliegende Kondom wird das gesamte Geschlechtsteil in hervorragender Manier konsequent umschlossen, gedrückt, eingezwängt, gefangen, befühlt, bespannt, beglückt. Jedes Pulsieren, jedes weitere Anschwellen wird durch diese Hülle in Form von erotischen Glücksgefühlen zum Absender zurückgesandt.

Sosehr ich diesen Zustand - ohne im Geringsten übertreiben zu wollen - durchaus als haptische Sensation bezeichnen darf, bildet die beschriebene Gummierung des erotischen Zentrums nur die Vorstufe für die folgende Session: Was in Gummi gehüllt ist, will auch gefesselt sein. Im großen wie im Kleinen. Und somit vernahm ich in aufgeregter Erwartung, wie meine Partnerin nach

Sie zuckte unter der Gummidecke, sodass die Oberfläche wirkte, als wären es wogende Reflektionen auf einem Spiegel

den dünnen, runden Schnüren aus Gummi und Leder langte, um damit mein komplett in Gummi verhülltes Geschlechtsteil in gekonnter Weise zu verschnüren. Denn genau dieser Umstand ist die Ergänzung zur bereits erfolgten körperlichen Fesselung, die Zuspitzung der Fixierung meines Körpers, annähernd zur völligen Bewegungsunfähigkeit, zum allgegenwärtigen Fühlen von Drücken, von seichten bis zu ganz derben, hervorgerufen durch die verschiedenen Kleidungsstücke wie durch die überdimensionierte Anzahl an Seilen, Riemen, Handschellen und Metallfesseln.

Die Schnüre haben eine Länge von etwa 50 cm. Sie begann die Schwanzfesselung mit einer dünnen Schnur aus schwarzem Gummi, indem sie diese, mittig beginnend, jeweils von links nach rechts bzw. umgekehrt um die Schwanzwurzel wickelte – also ganz unten, wo das Geschlechtsteil am Unterbauch ansetzt – indem sie nach jeder Windung die entstandene Schlaufe nochmals leicht festzog. Nachdem etwas über die Hälfte der Schnur dort angebracht war, ging sie über Kreuz nach vorn, um auf die gleiche Weise den Hodensack am oberen Teil zu umwickeln. Diese Zusammenschnürung bewirkte erneut ein weiteres Anschwellen des Penis`, wodurch der Druck auf diesen sich abermals verstärkte. Wäre mein Körper nicht auf jene ausgesprochen vorbildliche Art und Weise ans Bett gefesselt gewesen, hätte mich dies irre Gefühl zweifelsohne dazu veranlasst vor Freude zu hüpfen. Doch hier an dieser Stelle, an welcher mein Körper bereits vor Erregung vibrierte, mein Schwanz pulsierte, während er zum Platzen gespannt war, sollte noch nicht das Ende der ausgedehnten sexuellen Behandlung

Was würde die selbe Frau am meisten ärgern: a: Ihr Mann geht ins Bordell, b: er geht fremd, c: r outet sich als homosexuell, d: er outet sich als Gummifetischist

eintreten, die gleich der unverrückbaren Fesseln an Hand- und

Fußgelenken, mich gnadenlos wie gnadenvoll gefangen hielt. Im Gegenteil. Jetzt erst würde der Hauptteil dieser erotischen Sinfonie beginnen, der Höhepunkt der Vorstellung, welcher während seines gesamten Ablaufes, ausgeführt in überaus gekonnter Weise, mit Fug und Recht als erotischer Schwebezustand betitelt werden kann. Ich schwelgte in köstlicher Erwartung, weil mir bewusst war, dass die nun folgenden Handlungen ausschließlich meinem Penis gelten würden, dass dieser bereits bis zum Äußersten gereizte Schwanz dank einer weiteren Konditionierung in dem Zenit der Leidenschaften Einzug halten würde. Das Klimpern der Metallringe, die meine Partnerin bereitlegte, vernahm ich unter einem verstärkten vibrieren meines ganzen Körpers. Das Wissen darum, dass die ganze Litanei an Ringen mir ab jetzt auf den steifen Schwanz aufgesteckt würden, bis dieser am gesamten Schaft, außer der Eichel, lückenlos in ein eisernes, unnachgiebiges Korsett eingeschlossen sein würde, ließ mich in einer Art erschauern, wie es die Darstellung einer derartigen Handlung allein nicht imstande ist, zu beschreiben. Sie nahm den ersten Ring zwischen Daumen und Zeigefinger und setzteihn auf der Spitze der Eichel an. Ein heimlicher Beobachter dieses Szenarios hätte seinen Seelenfrieden darauf verwettet, dass dieser Ring mit einem Durchmesser von ca. 3,5 cm niemals auf den Schaft, geschweige über die pralle Eichel passen würde. Nun, diese Wette hätte der ahnungslose Aufpasser klar verloren, weil dieser eine Ring, wie all die

Welche Macht ist es, die mich ständig dazu treibt, meine Haut mit Gummi in Berührung zu bringen? Wer verkörpert diese Macht, die mir die unwiderstehliche Lust auf diese weiche, glatte, bezaubernd duftende Materie aufzwingt?

folgenden Metallringe, deren Zahl 18 bis 20 Stück betrug, dank zweier geübter Hände nebst der beschriebenen Vorbereitung, seinen Weg auf wundersame Weise nahm. Bei einem „unbekleideten" Penis wäre das sicher nicht so leicht möglich gewesen, vor allem aber hätte mich dabei ganz bestimmt nicht - ausgelöst durch die Gummierung und Fesselung eben dieses Schwanzes - dies unglaublich angenehme, erotisierende Gefühl ergriffen, ein Gefühl, das ich im Umfeld meiner gesamten verkorksten Triebe niemals mehr missen möchte. Von der Spitze aus verdickt die Eichel sich nach unten konisch, so dass der Reibungswiderstand des Ringes am Gummi noch stärker wird. Dieser Druck, dieser wandernde Druck, wird durch die beiden Gummischichten mit besonderer Intensität auf den Penis übertragen, ohne dass dabei die Haut gezwickt oder einklemmt wird. Das wäre nicht nur schmerzhaft, sondern eher das Ende der besonderen Gefühle. So also nahm der Ring seinen Weg, wobei die Gummi-Eichel an der jeweiligen Berührungsstelle des Metallringes hindurch gequetscht wurde, bis er am unteren Ende der Eichel, der dicksten Stelle, ganz plötzlich mit einer schnappenden Bewegung von dieser rutschte, um, wie für genau dieses Spiel vom Architekten der Natur so geplant, passgenau im Eichelkranz zu landen und diesen fest zu umwinden. Dort sollte er jedoch nicht bleiben – es war gerade der erste Ring, der bis ganz nach unten musste – so dass er, wiederum von den beiden sich behände bewegenden Fingern in die Zange genommen, bis hinunter zum Ansatz des Schaftes gezogen wurde. Auch diesen Weg der taktilen Freuden konnte der Ring auf der glatten, straffen Schicht des dicken Gummis, aus dem das Penis – Hoden - Kondom bestand, zurücklegen.

Lieber von Kopf bis Fuß in Gummi stecken als bis zum Hals in der Scheiße

Dabei wurden erneut ergreifende Gefühle an das Geschlechtsteil übermittelt, was wiederum stimulierend wirkte, so dass ein „Ertragen" der folgenden Ereignisse kaum möglich schien – aber gerade das wollte ich unbedingt. Gut, kann ich nur sagen, wenn man in dieser Situation gefesselt ist, weil man weder selbst an sich Handanlegen kann noch die Session zu unterbrechen in der Lage ist. Es bleibt nur die Möglichkeit, unter nicht enden wollenden, von Lust gesteuerten Zuckungen an den Fesseln zu zerren, die zwar keinen Deut nachgeben, dafür aber exklusive Reize zur Druckempfindung aussenden. Ich spürte, wie der Ring unten aufsetzte um fast zeitgleich oben an der Eichelspitze erneut den Druck des folgenden Rings wahrzunehmen. Dieser würde nun in gleicher Manier über den Schwanz geschoben, bis ein sanftes Klicken sein Auftreffen auf den ersten Ring anzeigen würde. Während ich bereits in einem Trance - Zustand zu entschweben begann, war ich mir in freudiger Erwartung bewusst, dass dieses spektakuläre Tun noch etwa 17 bis 18 mal zu folgen hatte, bis dann die 18 bis 20 Metallringe als unerbittliches, eisernes Korsett den Schwanz im Zaume halten würden. Klick. Und wieder dieser Druck, den die unter den beiden Gummischichten sich befindenden Sensoren der Haut mit Entzücken in Empfang nehmen, als sollten sie in unvergleichbarer Art geküsst werden. Klick. Der Metallmantel wächst beständig von unten nach oben. Die Schwellung des Penis᾽ wird immer stärker, der dafür notwendige Raum aber immer kleiner, sodass mehr und mehr Volumen in die Eichel gepresst wird. Diese setzt den noch folgenden Ringen ob ihres gewaltigen Anschwellens einen stetig wachsenden Widerstand

„Danke, dass du mir endlich dein wahres Gesicht zeigst", flüsterte sie lächelnd und streichelte dabei sanft über den Gummi der den Kopf umschließenden Gasmaske.

entgegen, dessen Überwindung ein weiterer ergötzlicher Griff in die Schatulle des erotischen Konfekts zur Folge hat.

Um den bereits in Fülle wirkenden irren Gefühlen eine weitere
Steigerung angedeihen zu lassen, spielen die haptischen
Eindrücke der Gummikleidung, in welche der gesamten Körper
eingehüllt ist, wie auch die taktilen Reize, hervorgerufen durch
die Fesseln an den Hand- und Fußgelenken, ein einzigartiges
Rahmenprogramm. Die Raumtemperatur darf bei dieser relativ
langwierigen Behandlung nicht zu hoch gewählt werden, weil
eine angenehme Wärme zur positiven Beeinflussung
außergewöhnlicher Empfindungen unentbehrlich ist, ein
leichtes Schwitzen dem Gelingen durchaus zuträglich sein kann,
ein zu starkes Schwitzen in einer derartig gefesselten Lage
hingegen eher zu einem Abbruch des Spiels führen würde – was
doch bei dem gegenwärtigen Stand der Dinge mehr als nur
bedauerlich wäre.
Während mein Körper vibrierte, da er gefangen war inmitten
ungeheuer wirkender Gefühle; während die Muskulatur der
Beine, der Arme, des Bauches zuckte; während mein inneres
Auge alle möglichen und unmöglichen Bilder von in Gummi
gekleideten und gefesselten Menschen verfolgte; während meine
Gedanken wie ein Zyklon um bizarre erotische Gebiete kreisten,
wurde der nächste Ring über die Eichel gezwängt, der, gleich
seinen Vorgängern, in Begleitung jener, eine Gänsehaut
erzeugenden Reibung, im Eichelkranz einrastete. Von dort
wurde er behutsam über den Gummi - Schwanz gleitend bis zu
den anderen Ringen geschoben. Klick.
Nachdem der letzte Metallring – infolge Platzmangels im
Eichelkranz verbleibend – seine endgültige Lage eingenommen
hatte, zeigte die mit Gummi bespannte Eichel sich dermaßen

Lieber auf der Streckbank liegen, als gar nichts Spannendes zu erleben.

prall (was ich selbst logischerweise nicht sehen konnte, aber ich
wusste es trotzdem, da ich es spürte), dass es schien, sie könne
jeden Moment platzen. Der in ihr wohnende Druck schien dies

nur zu bestätigen. Der Umfang der Eichel, die nun mit dem Blut des gesamten Penis gefüllt zu sein schien, betrug jetzt etwa das Doppelte des mit Ringen bestückten Schwanzes. Der Wunsch wuchs jetzt ins grenzenlose: Irgendeine Hand sollte eine Auf- und Abwärtsbewegung an meinem Penis vornehmen und die Vorhaut entsprechend hin-und herschieben, was momentan ohnehin nicht machbar war, weil der Eisenmantel das Glied wie in einem Korsett fixierte.

Einerseits wollte ich mir diese geile Reglementierung – in meiner alles erhöhenden Obsession - möglichst noch viele Stunden angedeihen lassen, andererseits wünschte ich mir sehnlichst, sofort von den Schwanzfesseln befreit und dann sofort durch einen Orgasmus erlöst zu werden. Das bezaubernde Drama der Leidenschaft sollte sich erneut zuspitzen: Mit einem nachtdunklen, flimmernden Blick, verspürte ich unter ekstatischen Zuckungen, dass ein wohl gefeilter Fingernagel eines Fingers meiner Partnerin auf dem gespannten, meine Eichel umhüllenden Gummi kreiste, indem sie die Worte

„absolut geil" in die glänzende Kugel einzuritzen schien. Mit dem Fingernagel des kleinen, des Zeige- oder des Mittelfingers wird die straff mit Gummi umspannte Eichel umkreist, womit eine Empfindung erzeugt wird, so einzigartig wie das Zerrinnen eines Stückchen Nougats zwischen Zunge und Gaumen. Man darf hier getrost von Gaumen- respektive von Gummifreuden sprechen. Durch diese zarte, genau dosierte und doch bestimmende Berührung einer kleinen Fläche des Fingernagels sowie durch dessen kreisende Bewegung, entsteht ein exklusiver,

Lieber einen Fetisch-Handschuh tragen als einen Fehde-Handschuh werfen

auf schmaler Linie sich verbreitender Druck, welcher durch eben dieses Zirkulieren auf der gesamten Oberfläche der Eichel verteilt, eine hinreißende Wirkung entfacht, die seinesgleichen vergebens sucht. Durch das Ziehen des Nagels auf dem weichen, glatt gespannten Gummis, welcher die Eichel, wie den gesamten Penis einschließlich der Hoden vollständig und fest umspannt, wird ein bestimmender Drucks übertragen, der wiederum einen veredelten taktilen Reiz an diesem empfindsamen Bereich entstehen lässt.

Ohne die Bedeckung der Eichel mit einem Gummikondom, also auf der bloßen Haut, wäre das Erzeugen eines derartig irren Gefühls mit dieser einmaligen Intensität überhaupt nicht möglich, so dass dieser taktile Zauber nur auf jene Art und Weise erlebbar wird. Hier bestätigt sich meine Überzeugung: Je mehr der Körper gefesselt ist, desto entfesselter zeigt sich die ausufernde Lust, desto umfangreicher und reizvoller die dabei begleitenden, in schräg – erotischer Manier gemalten Bilder.

Nach einer kurzen Pause, einer kleinen Minute der Neujustierung, begann nun die sukzessive Befreiung vom gefesselten Zustand mit all seinen Überraschungen. Alle Metallringe, die auf meinem Glied hafteten, es fesselten, drückten, einengten, verwöhnten, wurden jetzt – einer nach dem anderen – abgezogen: Sie mussten bei ihrem Rückweg abermals über die erhabene Region, die auf den Eichelkranz folgt, gezogen werden, wodurch – mir in süßester Erinnerung – die gleichen paradiesisch überzuckerten Genüsse erzeugt und mir zuteil kommen sollten, wie dies beim umgekehrten Weg der Fall war. Ein Ring nach dem anderen ging diesen Jakobsweg der

Meine sexuellen Vorlieben, der Gummifetischismus und aktive wie passive Fessel spiele sind mein Wesen, mein Dialekt, meine Nationalität, mein Geschmack, meine Mundart, mein erotischer Charakter.

Lüste, egal, ob er als Teil zur Befeuerung einer verkorksten Leidenschaft benutzt wurde, ob er nun   Teilnehmer eines Dramas oder Katalysator erotischer Leidenschaften war. Es ist gleich, mir ist es gleich wie jeden anderen, ob der verkorkste Trieb süßen Duft oder Gift versprüht, du gehorchst ihm. Du kannst sowieso nicht anders, als ihm zu gehorchen. Du musst ihm gehorchen und du willst ihm gehorchen.

Das ist alternativlos. Ganz gleich, welche sexuelle Vorliebe dir indoktriniert wurde, egal ob Segen oder Fluch. Die Kraft, die dich genau dahin zieht, wohin dein Wesen beordert wurde, diese Kraft ist der unerbittliche, kompromisslose Trieb, und dieser Trieb besitzt eine derart starke Gravitation, dass du niemals ihr zu entrinnen in der Lage wärst. Diese unglaubliche Anziehungskraft wirkt außerhalb deines Willens, außerhalb deines Wollens. Sie ist nicht heilbar geschweige denn entfernbar. Es ist allemal besser, sich mit dieser speziellen Seite seines Ichs zu arrangieren, sie zu leben so gut es geht, weil dadurch die andere – nicht sexuelle - Seite deiner Persönlichkeit positiv profitiert. Diese Tatsache wird dann zum Problem, zu einem nicht lösbaren Problem, wenn der dir zugedachte Trieb ein Trieb mit einem bösen Inhalt ist, ein Trieb, der gegen die außerhalb der existierenden Vorstellung von Moral und Ethik des menschlichen Zusammenlebens in eklatanter Weise verstößt, der anderen Lebewesen gegen ihren Willen Leid zufügt oder diese zu vernichten gewillt ist.

Nachdem alle, bis auf einen noch am Grund des Schaftes verbleibenden Ring in Begleitung feinster Reibungen entfernt waren, begann nun meine Partnerin im wahrsten Sinne des Wortes „Hand anzulegen". Mit allen Fingern umfasste sie das

Er hat kein dickes Fell, dafür aber eine zweite Haut

bereits zum Wahnsinn getriebene, steife und doppelt gummierte Glied, um es anfangs mit langsamen, weit ausladenden Auf - und Abwärtsbewegungen zu Massieren. Sie unterbrach die Friktionen kurz, um die Schnüre , die das gesamte Geschlechtsteil bis hierhin straff gefesselt hielten, zu lösen und somit den Weg zu ebnen, der einen ungehinderten Orgasmus ermöglichen konnte. Es war jetzt nicht mehr viel vonnöten, um die unabsehbare orgastische Eruption herbeizuführen. Um der Sache aber noch einen extra Kick zu verleihen, ließ sie es sich nicht nehmen, den Atemschlauch der Gasmaske mit der freien Hand zu verschließen. Auf Grund ihres Wissens, das gemäßigte Atemreduktionsspiele einen besonderen Reiz auf mich ausüben, ließ sie die eh schon heftig verlaufende Session unter Anwendung dieser Praktik ins uferlose eskalieren. Gleichzeitig umfasste sie mit der anderen Hand mein Glied und bewegte sie in gemächlicher Geschwindigkeit auf und ab. Diese regelrechte Provokation meines Schwanzes, dazu die kurzen Unterbrechungen der Zufuhr von Atemluft, entfesselte meine Lust ins Unbezähmbare. Die Bewegungen ihrer Hand wurden schneller, meine Atmung - in wohldosierten Abständen unterbrochen - überschlug sich beinahe, das Kopfkino raste, jeder Muskel, jede Faser in meinem Körper war voll angespannt und nur die exklusive Fesselung meines ganzen Körpers hielt mich auf dem Bett, das ich ansonsten, ähnlich einer Explosion, in Richtung Decke hätte verlassen müssen. Es ist angenehmer, wenn der Schrei beim Orgasmus von einem Knebel gebremst wird, weil er sich durch den Gegendruck bedeutend besser dosieren lässt. In dem Moment, da die Flüssigkeit, welche der

Verständnis sei dem verängstigten Gummifetischisten gewiss, wenn er den Mantel des Schweigens über seine sexuellen Vorlieben legen möchte. Am besten eignet sich in diesem Falle ein Gummimantel.

Trieb immer und immer wieder hervorholt, sie erbarmungslos zwingt, gleich einer Quelle ihr Nass abzugeben, auszuspucken, zu verteilen, zu versprühen – in genau jenem Moment weiß man wie sich Engel fühlen, die am Rande des Firmaments ihren abendlichen Spazierflug unter einem leuchtenden Sternenhimmel zelebrieren. Die reflexartigen Zuckungen, verteilt über meinen gesamten Körper, wurden durch die Fesseln als auch durch die alles umspannende Gummihaut

zurück an den gleichen Absender geworfen, der diese gerade in ungestümer Art ausgesandt hatte. In jenen Augenblicken des unkontrollierbaren Genießens versucht der Körper zugleich alle soeben empfangenen Glücksgefühle auf Heller und Pfennig zurückzugeben, woher auch immer sie gekommen sein mögen.
Für ein Paar, welches durch „konventionelle" Sexualität miteinander diesen Punkt erreicht hat, sollte nun der Teil des ausklingen lassen beginnen, also das dankbare, einfühlsame, das nicht mehr egoistische Spiel des Nehmens sondern des Gebens. Nun sollten die unkontrollierbaren, die eben noch entfesselten Gefühle sanft vom Höhepunkt hinab auf eine Wiese voller Blumen der Zufriedenheit herabgleiten, um inmitten aber tausender befriedigter Grashalme, wiegend in grüner Geborgenheit, Zufriedenheit und erotischem Altruismus zu verweilen, eben weil dieser Prolog der Ekstase das Zusammensein zweier Menschen zum absoluten Favoriten des Glücks erhebt.
Hier zeigt sich, dass alles Existierende im Universum einen Ausgleich erfährt. So wie nach dem „Akt der Zeugung" das Vergehen der alles bestimmenden Lust einsetzt, so erstirbt irgendwann alles Lebendige: es wird leer das voll war; es erntet

Manche Fakten müssen festgeklopft werden. Bei bestimmten Frauen genügt es, sie festzubinden.

wer nur gehungert hat; es wird sprechen, wer bislang nur stumm zuhören durfte. Diese Vorgänge sind von allem Seienden nicht beeinflussbar. Oftmals nicht wahrnehmbar, in jedem Falle aber hinzunehmen, bedingungslos zu akzeptieren – gleich jeder sexuellen Ausrichtung, jeder erotischen Vorlieben, jedes noch so
abstrusen Gedankens, jedes uns eingegebenen Zwanges – warum – weil allen schon jeglicher uns eingepflanzter, uns zugedachter Charakterzug - vor allem jedoch die uns zugeteilte

sexuelle Triebrichtung - abgekoppelt vom „logischen“, „vernünftigen“, „moralischen“, „gesellschaftlich akzeptierten“, vom persönlich Beeinflussbaren sich befinden, also unabdingbar unseres Willens zur Veränderung existieren.

Nun konnten wir beide nicht den Geschmack eines bilateralen Koitus` probieren, vielmehr war ich in diesem, im allgemeinen Sinne nicht genormten Spiel, nicht der Part, der gleichberechtigt zum Geben und Danken in der Lage gewesen wäre – obgleich ich das schon aus meinem Naturell heraus mit großer Freude getan hätte – sondern ausschließlich der gefesselte, der passive, der nehmende Teil dieser beschriebenen Handlung zweier Menschen war (ich möchte hier ausschließen, dass die beteiligte Partnerin im eigentlichen Sinne an dieser Handlung begeistert gewesen war, also dass sie keine sexuelle Erregung gleich der

Wer sich fesseln lässt wird erkennen, dass dies eine besondere Form der Berührung ist. Eine extravagante, ruhende Massage mit einzelnen Druckstellen, wodurch man Empfindung erfährt, die einem bis dahin unbekannt, völlig unvorstellbar waren. Man wird durch die freiwillig ertragenden Fesseln in einen Zustand des gelöst sein und der Freiheit versetzt, wie man in freiem, ungebundenem Zustand zu spüren nicht in der Lage wäre. Durch Reduzierung der Sinneswahrnehmungen wie Sehen und Hören sowie durch variieren des Drucks und der Lage der Fesseln werden Gefühle erzeugt, die dem Körper ein exklusives Erlebnis verschaffen.

meinen bei ihrem Tun erfahren hat, sondern ihren Teil als „aktive“ Partnerin aus echter Zuneigung oder zumindest aus praktischem Verständnis gegenüber meiner sexuellen Veranlagung beigetragen und damit größeres geleistet hat, als wenn sie selbst von diesen Praktiken infiziert gewesen wäre), und somit weiterhin „nur zum Nehmen gezwungen war“, was meine uneigennützig handelnde Partnerin sofort akzeptierte und ihr Spiel der „Beglückung des Partners“ fortsetzte.

Sie begann nun damit, den Penis von den ihn umschließenden Kondomen zu entledigen, indem sie zuerst die dünnen Lederschnüre entfernte, welche über dem aus stärkerem Gummi bestehenden Penis-Hoden - Kondom angebracht waren. Nachdem auch das dünne Präservativ vom noch leicht zuckenden Schwanz entfernt war, ließ meine Partnerin ein Nachspiel von exquisiter Güte folgen. Mit ihrer linken Hand umfasste sie bei mäßigem Druck meinen Penis, während sie mit der rechten einen kleinen Zeichenpinsel bereit hielt. Die Borsten des Pinsels haben die Form einer kleinen, scharfen Spitze mit einer guten Standfestigkeit, sind aber trotzdem relativ weich. Die Spitze des Pinsels führte sie nun zur Spitze meines Penis, und zwar an die Stelle, bis zu welcher die Vorhaut die Eichel bedeckt hielt. Genau um diese Nahtstelle ließ sie anschließend, unter Anwendung von ganz leichtem Druck, die Spitze des Pinsels langsam kreisen. Da an diesem Bereich noch Genügend Reste von Sperma vorhanden waren, wurde dieser kreisenden Bewegung die erforderliche Schmierung zuteil, welche für ein derartiges Spiel unerlässlich ist. Die erste Umrundung der Eichel ist die gefühlsmäßig intensivste. Man spürt dabei, dass für diese Empfindung keine Steigerung mehr möglich ist, ja, dass selbst

Für die Bezeichnung „angemessene Bekleidung" sollte man einen dehnbaren Begriff wählen...

die momentane Qualität keinen weiteren Augenblick Bestand haben wird. Trotzdem vermittelten auch die nun folgenden Berührungen der Eichel weiterhin sensationelle Freuden, womit das erotische „Nachspiel" einen der gesamten Behandlung angemessenen Ausklang fand.

Die unangenehmen Folgen

Nach 23 Jahren Gemeinsamkeit fand diese Beziehung ihr Ende. Die Frage, ob der Grund der Trennung im Zusammenhang mit meinem Sexualverhalten gestanden hatte, kann nur spekulativ sein. Ob nach so vielen Jahren, während derer wir uns den beschriebenen Praktiken gewidmet hatten, eine Aversion gegen diese entstehen kann, ist für mich, auch in Anbetracht der Qualität des Zusammenlebens außerhalb unseres gemeinsamen Intimlebens, mehr als fraglich, aber wohl auch nicht gänzlich auszuschließen.

Kurioserweise beschäftigte mich damals bereits, eine unbestimmte Zeit vor unserer Trennung, ein Gedanke, der genau diesen Fall betraf. Ohne tatsächliche Anzeichen einer Veränderung unseres Zusammenleben oder des Verhaltens der Partnerin, die eine Trennung von uns beiden in den Bereich der Realität hätte rücken können, geriet ich ins Grübeln. Wie wäre es um meine Potenz - korrekt gesagt, um die Fähigkeit, den Beischlaf mit einer anderen Frau zu vollziehen - bestellt, wenn die mir gebräuchlichen, unentbehrlichen Objekte und Handlungsweisen wegfielen? Von ungefähr überkam mich dieses Gedankenspiel nicht, sondern war mir im Laufe der Jahre klargeworden, dass ich mit hoher Wahrscheinlichkeit ohne ganz

Man sollte Gummi vom Feuer fernhalten – jedoch bringt er durch seine Eigenschaften Emotionen zum Glühen.

bestimmte Hilfsmittel und spezielle Rituale keine brauchbare Erektion werde zu Stande bringen können, was also den konventionellen Geschlechtsverkehr logischerweise verhindern würde. Diese Erkenntnis war, wenn auch nicht erfreulich, auch nicht tragisch, da meine Partnerin sich mit mir und meinem Verhaltensmuster arrangiert hatte, sodass durch das Auftischen meiner sexuellen Vorlieben einem wohlschmeckenden, erotischen Mahl in Zweisamkeit es an nichts mangeln sollte. Ich war während unserer gemeinsamen Jahre sexuell überaus aktiv.

Meine sexuellen Handlungen passierten nur mit meiner Partnerin, hin und wieder mit mir selbst. Sex war für mich nicht nur ein Pflichtprogramm, vielmehr war dies ein entscheidender Teil meines Seins und Handelns. Meine Partnerin war diesbezüglich nicht in gleichem Maße aktiv, weshalb ich, wie gesagt, mich hin und wieder der Selbstbefriedigung widmete, was aber dem gemeinsamen Intimleben keinen Abbruch tat.
Vor unserer Trennung gab es bereits eine relativ lange Phase, in der wir keinen gemeinsamen Intimverkehr mehr pflegten. Ich denke, dass dieser Zeitraum gut und gerne ein Jahr betragen hatte. Während dieser Phase musste ich meine sexuellen Bedürfnisse, die trotz allem nicht weniger geworden waren, ausschließlich mit mir und durch mich selbst befriedigen. Mir war nicht danach, dafür eine andere Partnerin zu suchen, was ursächlich daran lag, dass ich von einer regelrechten Angst befallen war, bei einer anderen Frau zu versagen. Darin näherte

Diese Frau beraubt mich meiner Sinne: ich sehe nicht, ich höre nicht, ich kann nicht sprechen – so liege ich gefesselt auf dem Bett, eine geschlossene Gummimaske, die sich an den Ganzkörperanzug anschließt, über den Kopf gezogen, darunter einen gut sitzenden Knebel im Mund. Das ist sinnentfremdend – aber nicht sinnlos. So aufgespannt ist Entspannung garantiert.

ich mich genau dem Punkt, an dem jener Ausgleich sich sein Recht verschafft. Ich habe bereits erwähnt, dass alles nach einem
Gleichgewicht strebt, dass jegliche Hochzeiten irgendwann durch Tiefpunkte in angemessenem Maße ausgeglichen werden, so dass der negative Teil desto intensiver wird, je besser die positive Seite sich dereinst gezeigt hatte. Mein bisheriges, in ungewöhnlicher Art und Weise praktiziertes Sexualleben, das mich außerordentlich zu befriedigen imstande war, bewirkte nun das Zollen eines Tributes von ebenbürtiger Intensität. Die

Geister (die ich nicht gerufen hatte, welche aber trotzdem da waren und mich in lebenslange Gefangenschaft nahmen), die mir bis dahin ein Garant für schöne erotische Erlebnisse mit meiner Partnerin waren, sollten mir nun hinderlich werden.
Die allzeit geliebten Regenten der Lust, die stets zur Stelle waren um die Richtung vorzugeben und die erotische Glut in ein loderndes Feuer zu wandeln, diese über sämtliche Jahre nur allzu gern beanspruchten Herrscher des Triebes waren nicht mehr abzuschütteln, nur weil sie nicht in das momentan bestehende System passten. Sie sind bei mir geblieben – und bewirken nun, dass durch das Ausbleiben der notwendig gewordenen Handlungen zusammen mit einer potentiellen Partnerin gerade das Gegenteil erreicht würde, als ich es bisher bei der Verwirklichung derer gewohnt war. Die erotische Glut würde weiter Hitze sprühen – bis zu dem Punkt, an dem eine neue Partnerin das Auflodern der Glut zur flammenden Zweisamkeit erwarten würde – um dann jämmerlich zu verlöschen.
So ein Versuch würde allein in einem Fiasko enden.
Selbst wenn man den Punkt erreicht hat, an dem man zu seiner

Hat der Gummianzug einen Riss oder ein Loch, dann gibt es dafür nur eine Lösung: Gummilösung.

sexuellen Veranlagung ohne wenn und aber einsteht, wenn man sich derer nicht mehr schämt, wenn man darüber offen sprechen kann, bedeutet das bei weitem nicht, dass einem das Ergebnis der im Fall B eintretenden Folgen – nämlich der ausbleibenden Erektion bei fehlendem Szenario – gleichgültig sein könnte. Erst dann merkt man wirklich, welche ungeheure Macht eine sexuelle Ausrichtung besitzt, dass sie auch ohne dein Einverständnis vorhanden ist und jenseits deines Willens über dein Intimleben bestimmt. Diese Triebkraft lässt sich weder abstellen, noch kann man sie, je nach momentanen

Bedürfnissen, beeinflussen oder ignorieren. Sie ist permanent vorhanden und sie ist ganz und gar bestimmend. Es bleibt einem nur die Möglichkeit, die notwendigen Rahmenbedingungen zu schaffen, welche der Erfüllung dieses Triebes gerecht werden, um daraus resultierend ein angemessenes gegenseitiges Intimleben praktizieren zu können. Solange eine Partnerin für außergewöhnliche erotische Vergnügungen keine Einwände hat, gibt es wegen dieser sexuellen Vorlieben, die einen ständig begleiten, wenig zu beanstanden. Hat man sich miteinander soweit arrangiert, dass beiden Partnern ein ausreichend zufriedenes „Liebesleben" widerfährt, ist alles in Ordnung. Während dieser Zeit, in der alles im Lot ist, wird man sich des Ausmaßes der Abhängigkeit seiner sexuellen Vorlieben nicht in dem Maße bewusst, wie es im Falle des Scheiterns einer solchen Beziehung sich zeigen wird. Man kennt seine sexuelle Ausrichtung genau. Man merkt, wie sie sich weiter zuspitzt, wie sie nach einer immer perfekteren Ausführung verlangt, dass die Stufen, die zu den Höhen der

Sie war gefangen von der Art, wie er sie fesselte. Ein herrschaftliches Gefühl nahm von ihr Besitz, wenn sie in sklavischer Art gefesselt war. So fühlte sie sich richtig frei.

erotischen Befriedigung führen, ein ums andere Mal steiler werden. War es gestern noch das Sahnebonbon, welches dem Geschmacksempfinden genügte, sollte es heute ein Riegel Schokolade, schon morgen vielleicht eine Stange Nougat sein. Die sexuelle Erregbarkeit, die mit der Qualität der Erektion untrennbar verbunden ist, reduziert sich auf einen immer schmaler werdenden Pfad, der zusehends schwieriger zu beschreiten ist. Aber man kann ihn noch gehen, vor allem dann, wenn die Weggefährtin auf diesem Pfad schritthält. Verlässt sie ihn jedoch, um ihren eigenen, neuen Weg zu gehen, dann sieht es düster aus.

Ob Legende oder nicht – ich bin ja auch nicht Martin Luther –
es bleibt dann nur zu sagen: Hier stehe ich und kann nicht
(anders). Es ist einerlei was geschieht, der Trieb wie auch der
dazugehörige Zwang, bleiben immer unabänderlich. Es spielt
eine Rolle, ob dich jemand bittet, von deinen sexuellen
Vorlieben abzulassen, sie zumindest einzuschränken, oder ob
dir jemand bei Strafe droht, dies zu tun. Ja auch dann, wenn du
selber es dir aufzuerlegen gedächtest, dich in deinen
Vorstellungen und den daraus resultierendem Handeln zu
ändern – es würde niemals funktionieren. Dein sexuelles
Grundmuster steht fest, ist unabänderlich in dir verankert als
ein fester Bestandteil deines Wesens, gleich eines Faktors einer
mathematischen Gleichung, welche nicht mehr aufgehen würde,
sollte er entfernt oder abgeändert werden. Man kann nicht
einfach mal zu einer anderen sexuellen Präferenzstruktur
konvergieren, wie von einer Religion zur anderen, oder
versuchen, sie zu ignorieren.
Das Bild eines Menschen, welches dessen Charakterzüge

Verhüllt sie ihren Körper – egal ob schlank, ob mollig, ob dick – mit einem
Gummikleid, lassen sich Konturen und Proportionen um so besser erkennen

skizziert und deutlich zu erkennen gibt, muss nicht zwingend zu
dem Bild passend sein, worauf die sexuellen Präferenzen
desselben Menschen abgebildet werden. Jedenfalls nicht nach
den Normen und Vorstellungen, welche die menschliche
Gesellschaft sich – und damit all seinen Mitgliedern -
vorgegeben hat.
Sex passiert nicht nur durch den Penis und durch Liebe schon
gar nicht. Für echte und lange andauernde Zärtlichkeit ist er
sogar hinderlich, weil selbst der Liebe ein gewisser Teil
Egoismus innewohnt, Intimverkehr jedoch in erster Instanz
zur Befriedigung des eigenen sexuellen Triebes stattfindet. Er
dient vorzugsweise der triebgesteuerten Selbstbefriedigung und

der Zeugung. Dadurch aber kann die für ganz spezielle Erregungsmuster abgestimmte Funktionalität des Penis in die missliche Lage geraten, bei anders gelagertem Partnerschaftlichen Sex seinen Dienst zu versagen, weil er die dafür notwendige Konsistenz nicht erreicht. Das liegt also nicht am Penis als solchen, sondern eher am Kopf, besser gesagt an dem Teil des Gehirns, der für das Anrichten des erotischen Gedankenmenüs zuständig ist, wodurch wiederum der Penis zu einer bestimmten Reaktion namens Erektion gebracht wird. Ich denke, die Redensart, der Mann sei mitunter „schwanzgesteuert", ist einerseits wahr und zugleich falsch. Wahr in dem Sinne, dass der normale Verstand wie auch normale Gefühle aussetzen, wenn der Sexualtrieb dominiert. Falsch ist sie, weil dieser Sexualtrieb nicht vom Schwanz selbst, sondern vom Gehirn aktiviert und gesteuert wird. Somit ergibt sich: der Mann ist Triebgesteuert. Im Normalfall, anders ausgedrückt, in der genormten Vorstellung, wird der Trieb des Mannes beim Anblick einer Frau aktiviert (so sie denn in

Ein verwittertes Gesicht lässt sich durch eine Gummimaske glätten.

sein „Schema" passt) oder beim Anblick bestimmter Teile einer Frau (je nachdem, worauf jemand fixiert ist – Busen, Haare, Figur allgemein, üppiger Hintern, Mund, Hände, Blick …). Das diese Funktionsweise ein Leben lang bei ein und dergleichen Frau in immer gleicher Intensität – oder überhaupt – dauerhaften Bestand haben soll, halte ich für unwahrscheinlich (was nicht bedeuten muss, dass man diese Frau nicht trotzdem lieben – wirklich Lieben - kann), aber das auf natürliche Art hervorgerufene sexuelle Begehren wird sich automatisch abschwächen oder ganz verlieren. Um „Schwung" ins abgeflachte Sexualleben zu bringen, suchen sich dann die Partner andere Partner. Vorher wünschen sich dann manche Männer (auch Frauen?) dass die Frau schon mal Dessous, High

Heels oder hohe Stiefel tragen möchte (also nicht auf der Straße), eine Augenbinde wäre auch nicht schlecht, sie ans Bett zu fesseln wäre mal ganz was Neues … aber hier bewegen wir uns bereits in den Gefilden von Perversen, zumindest von nicht ganz normalen Menschen. So lautet zumindest eine unbestimmte Anzahl von Meinungen – vorwiegend weiblicher – zu derartigen oder ähnlichen erotischen Vorstellungen.

Jedenfalls sind oftmals leblose Dinge - Fetische – oder auch Handlungen, die nicht jeder unbedingt mit erotischen Spielen assoziieren möchte, notwendig, um das Sexualleben am Köcheln zu halten oder überhaupt noch zu ermöglichen. So sind Kleidungsstücke aus Seide, Leder, Gummi, wie auch aktive bzw. passive Fesselungen notwendige Katalysatoren, welche in den Nährboden der Erotik eingebracht werden müssen, um aus der von Lust geschwängerten Saat ausgewachsene Blüten von Emotionen heranwachsen zu lassen. Für mich ist das eben

Ölflecken lassen sich aus der Kleidung nur schwer entfernen – es sei denn man trägt Ölzeug.

Im Fahrstuhl

Sie trat ein in den Aufzug in einem ungewöhnlichen Anzug. Aus Gummi trug sie einen Anzug, den sie sich offensichtlich gerne anzog. Jedoch wurde sie keineswegs anzüglich, umso mehr jedoch wurde ich von ihr angezogen. Gerne hätte ich mich ausgezogen und ebenso einen solchen Anzug übergezogen. Ich spürte, diese Frau in der Gummihaut haut mich um. Ich hätte es begrüßt, rückte mir diese Dame mit der Gummipelle auf die Pelle. Wie schön wäre es gewesen, hätte sie mich an sich und an ihre Haut gezogen, um mir, wie sich selbst, eine solche Haut überzuziehen. Mir wurde klar, dieses vor ein paar Stunden in diesen Anzug geschlüpfte Luder durfte mir jetzt nicht entschlüpfen. Dieses Wesen hatte mich in den vergangenen

Sekunden so sehr gefesselt, dass ich mir wünschte, sie würde auf der Stelle mich fesseln, um von mir zu erzwingen, dass ich sie anschließend mit aller Konsequenz fesseln solle.

Inzwischen war die 9. von 11 Etagen erreicht. Ursprünglich wollte ich den Lift in der 4. Etage verlassen. Jetzt unter diesen Umständen wünschte ich mir einen Wolkenkratzer von wenigstens hundert Stockwerken. Die ganze Zeit waren wir zwei allein gewesen, kein weiterer Passagier war zugestiegen, und sie war noch nicht ausgestiegen. Oben im 11. und letzten Geschoss angelangt, öffnete sich die Fahrstuhltür. Niemand stieg ein und Keiner stieg aus. Inzwischen blickten wir uns unvermittelt in die Augen. Plötzlich öffneten sich ihre roten Lippen, die im Farbton mit dem des knallengen Overalls abgestimmt waren, um mit süßem Akzent mitzuteilen, dass ich sie gern begleiten dürfe, so ich gewillt wäre, mich in gleicher Weise zu kleiden wie sie. Der Lift bewegte sich nach unten und augenblicklich wurde mir klar, jetzt kann es nur noch aufwärts gehen.

Beschriebene die notwendige Voraussetzung für die Steigerung meiner sexuellen Erregung bzw. dafür, dass mein Penis die zum Intimverkehr erforderliche Steife erlangt. Damit stellt sich eine neue Situation ein, eine, welche die allzeit begehrte Leidenschaft, den stets willkommenen Fetisch, in einem negativen Licht erscheinen - ja beinahe zur Aversion werden lässt. Plötzlich fühle

ich mich gefoppt von meiner Veranlagung, die, sobald ich sie zu ignorieren versuche, bewirkt, dass der Schwanz nicht mehr steif wird wenn ich es will, wenn es notwendig ist - dann, wenn er „seine Aufgabe" erfüllen soll. Enttäuscht darüber, dass nur in Verbindung mit dem Anlegen von Gummikleidung sowie der Anwendung von Fesselungen - was über Jahre als erotisierender Reiz sich bewährt hatte, um das Feuer der Begierde als erigierende Flammen zu entfachen - nun der Beischlaf ausschließlich in dieser Konstellation überhaupt erst möglich ist. Durch die von mir angewandten, immer wieder nach einem bestimmten Schema praktizierten Abläufe bei sexuellen Handlungen in Zusammenhang mit speziellen Fetischen, über einem Zeitraum von vielen Jahren, ist meine Sexualität in einem Maße Zusammenhang mit speziellen Fetischen, über einem Zeitraum von vielen Jahren, ist meine Sexualität in einem Maße konditioniert worden, dass dieses Ritual bei meinem erotischen Verhalten absolut unverzichtbar geworden ist. Somit zeigt die ganz spezifische Art, Sexualität auszuleben seine negative Kehrseite. Ermöglicht sie mir einerseits die Wahrnehmung von Energieflüssen, wie es mir sonst mit nichts anderem gelingt, zwängt sie mich andererseits in ein überaus enges Korsett der Abhängigkeit, aus dem es kein Entrinnen gibt. Kann ich wiederum während der intensiven Durchführung einer

Session von allem vollkommen loslassen, würde ich es dagegen nie schaffen, mich von dergleichen als bestimmendes Moment zu   lösen.   In   Bezug   auf   den   Wechsel   von Geschlechtspartnerinnen   verspüre   ich   wenig   Hang   zur Promiskuität.
Die   sexuelle   Präferenz   ist   also   der   persönliche, unverwechselbare   und   nicht   zu   leugnende   erotische Fingerabdruck, mit dem man nicht anders umgehen kann als ihn zu akzeptieren, besser noch, ihn zu mögen. Eine Alternative dazu gibt es nicht, weil niemand die ihm innewohnende Sexualität ändern kann. Das sagte schon
Sigmund Freud, indem er schrieb: „Wir sind nicht Herr im eigenen Haus". Also versuchen wir, unsere sexuellen Vorlieben zu akzeptieren, zu mögen und auszuleben, ohne uns mit Gewissensbissen zu belasten – nicht anders, wie es bei allen anderen Bereichen des Lebens der Fall ist, bei denen das persönliche Wohlbefinden im Vordergrund steht. Es ist allemal

besser, als ein aus der Norm fallender Mensch seinen Gefühlen in völliger Übereinstimmung mit seiner geistigen Haltung freien Lauf lassen zu können, als die Momente des freien Falls in einem Netz aus Scham enden zu lassen.

Wer sich fesseln lässt wird erkennen, dass dies eine besondere Form der Berührung ist, eine extravagante, ruhende Massage mit einzelnen Druckstellen, wodurch man Empfindungen erfährt, die einem bis dahin völlig unbekannt waren. Man wird durch die freiwillig ertragenen Fesseln in einen Zustand des gelöst sein und der Freiheit versetzt, wie man es in freiem, ungebundenem Zustand nicht zu spüren in der Lage ist. Durch die Reduzierung von Sinneswahrnehmungen wie Sehen und Hören, durch Variieren des Drucks und der Lage der Fesseln, sowie durch das Tragen von Gummikleidung werden diese Empfindungen erheblich verstärkt.

www.ingramcontent.com/pod-product-compliance
Lightning Source LLC
Chambersburg PA
CBHW072221150726
48002CB00005B/1923